イラスト図解でスイスイわかる！

秘書検定

2級

合格テキスト&問題集

秘書技能検定面接試験審査委員
杉本直鴻　[著]

ナツメ社

は じ め に

　私が「秘書検定2級」を受験したのは、就職して3年目で、社長秘書を拝命したときでした。今思えば、そのころの私は仕事をこなすことに精一杯で、とても秘書としての素養があったとは思えず、どうして異動になったのか不思議であり不安でもありました。

　しかし、秘書の仕事は待ったなしです。そこで一念発起して「秘書技能検定試験」を受験することにし、一生懸命勉強をしました。その甲斐あって無事2級に合格。さらに準1級も取得し、少し自信が持てるようになりました。そして、その自信をさらに確かなものにするため1級に挑戦し、合格証をいただいたときの喜びは、今でも忘れることができない思い出です。級が上がるにつれ、面接試験で実技や応用が試され、「知っている」と「実践できる」の違いを体験し、「実践できること」の難しさと大切さを学ぶことができました。

　その後転職し、同じく社長秘書として社内外のエグゼクティブに接する中で、緊張感を持ちながらも「的確な判断」をし、「実践すること」の重要性を学びました。そして、これらを皆様にお伝えすべく人材育成の会社を起業しました。今でも「知っている」と「実践できる」の違いは、講義や研修で大切なポイントの1つとしています。

　「知っている」ことは秘書入門として、とても大切なことです。本書では、「秘書検定2級」の知識習得はもとより、資格取得を目指す方々のために、過去問題を10年以上さかのぼり、検定試験合格の手助けができるよう練習問題を吟味しました。"知識を得ると同時に過去問題で鍛える"をキーワードに作成した本書を、ぜひとも「秘書検定2級」合格への参考書として役立てていただければと思います。そして、その先にある「実践ができ、応用がきく」秘書を目指して秘書検定準1級、そして1級に挑戦していただき、憧れの的となる社会人・秘書を目指して研鑽を重ねてほしいと願っています。最後になりましたが、本書が皆様の「秘書検定2級」合格のお役に立てることを願うとともに、準1級の面接試験でお会いすることを楽しみにしています。

杉本直鴻

もくじ
Contents

理論編

Part ①
必要とされる資質

理論編

Part ②
職務知識

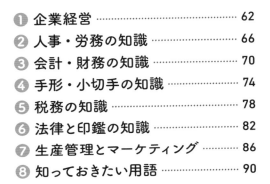

実技編

Part ⑤
技能

Staff
デザイン● 佐藤秀紀
イラスト● 青山京子、五十嵐 亨
校　　正● くすのき舎
編集協力● 株式会社フロンテア
編集担当● 梅津愛美
　　　　　（ナツメ出版企画株式会社）

本書の使い方

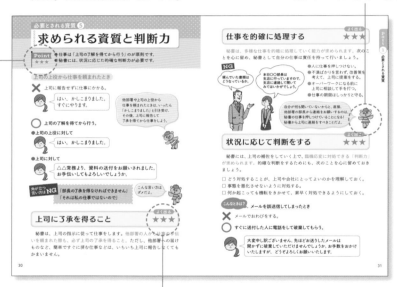

本書では、各領域の内容を学習したあと、「○×問題」でおさらいをし、「練習問題」（選択問題、記述式問題）、模擬問題にトライする3ステップ方式になっています。

3ステップで合格を目指す!

● Pointと頻出度
各内容のポイントを簡潔に紹介。
試験問題の頻出度から、重要度を★の数で表示しています。
★★★…最も重要。よく出題されています。
★★……重要。まぁまぁの頻度で出題されています。
★………普通。出題頻度は少ないです。

●キャラクターのひと言にも注目!
学ぶべきポイントや注意点をアドバイスしています。

●よく出る度
試験問題でよく出る項目を★の数で表示しています。
★★★…高い頻度で出題されている項目。確実に覚えましょう。
★★……ある一定の頻度で出題されている項目。用語などは覚えておきましょう。
★………出題頻度は少ないものの、学習して理解しておきましょう。

本書の主な登場人物

秘 書		上 司	
秘書A	秘書B	鈴木部長 （秘書Aの上司）	遠藤部長 （秘書Bの上司）

part4「マナー・接遇」と
part5「技能」の巻末に「記述式問題」が**18問！**

記述式問題は、「マナー・接遇」「技能」から、各２問ずつ出題され
ます。過去問題から、よく出る問題を出題しています。多くの記述式
問題を解くことで、苦手意識がなくなり、自信がつきます。

●練習問題

過去問題またはそれに似た選択問題にチャレンジすることで、
その項目からの出題傾向を知ることができます。
解答と解説で、間違えやすい点もチェックするようにしましょう。

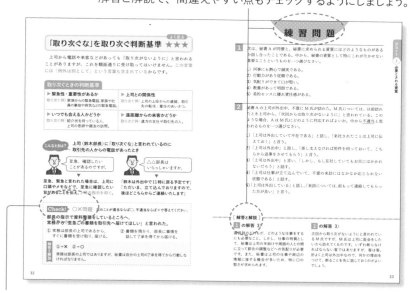

●Check！ ○✕問題

学んだあとの「おさらい」問題で、自分の理解度を確認する
ことができます。迷ったり、間違ったりしたら、もう一度、
その項目をよく見直してください。

社内の人   社外（取引先）の人

同僚

先輩

後輩

秘書検定ナビ

秘書検定を受けるには

受験資格	特になし（年齢、性別の制限はありません）
試験実施日	原則、毎年2月、6月、11月の年3回
受験地	全国主要都市
2級受験料	5,200円
受付期間	試験日の約2カ月前から1カ月前まで

申し込み方法（個人で申し込む場合）

郵送	現金書留で、実務技能検定協会へ「個人申込用受験願書」と受験料を郵送します。
インターネット	公益財団法人　実務技能検定協会の以下のアドレスにアクセスし、必要事項を入力します。受験料は、クレジットカードまたはコンビニエンスストアで支払います。 https://jitsumu-kentei.jp/

◎「受験願書」に付いている「秘書検定案内」に、受験料、試験会場、合否通知、合格証の発行などについて書かれています。不明な点は協会にお問い合わせください。

秘書検定 CBT 試験について

コンピューターを使用して秘書検定（2級・3級）が受験できます。資格のレベルや認定については、従来の検定試験と同じです。

受験日	年3回の試験実施日に限定されず、都合のよい日程を選んで受験できる。
合否結果	試験終了後すぐにわかる。
実施地	居住地近くのテストセンター（全国300カ所以上）で受験が可能。

◎詳細は、実務技能検定協会のホームページをご覧ください。

● 問い合わせ先　公益財団法人 実務技能検定協会　秘書検定部
〒169-0075　東京都新宿区高田馬場1丁目4番15号
TEL 03(3200)6675　https://jitsumu-kentei.jp/

	領域	内容	問題数	出題形式
理論編	必要とされる資質	❶ 仕事を行う際に秘書が備えておくべき要件 ❷ 要求される人柄	5問	選択問題
理論編	職務知識	❶ 秘書の仕事の機能 ❷ 上司の機能と秘書的な仕事・機能の関連	5問	選択問題
理論編	一般知識	❶ 社会常識 ❷ 経営管理に関する初歩的な知識	3問	選択問題
実技編	マナー・接遇	❶ 人間関係についての一般知識 ❷ ビジネスマナーを心得ている ❸ 一般的な敬語や接遇用語が使える ❹ 短い報告、説明、簡単な説得ができる ❺ 真意をとらえる聞き方、忠告が受けられ、注意ができる ❻ 慶事・弔事に伴う業務 ❼ 贈答のマナー ❽ 上司が加入している団体や会の事務を扱うことができる	10問 2問	選択問題 記述問題
実技編	技能	❶ 会議に関する知識や計画、準備、事後処理 ❷ 社内外の文書作成、 　会議の簡単な議事録作成 ❸ 折れ線、棒、簡単な円グラフの作成 ❹ 文書の送付方法、受発信事務 ❺ 秘文書の取り扱いの知識 ❻ ファイリング、資料整理 ❼ スケジュール管理 ❽ 環境、事務用品の整備	8問 2問	選択問題 記述問題

合格ライン

理論編	正解が **60%** 以上
実技編	正解が **60%** 以上

つまり理論編13問中8問、実技編22問中14問を
正解すれば、合格できるということだよ。

合格への学習プラン&ポイント

■ 学習のコツ

1. 本書の★の多い項目の内容、用語などは、確実に覚える。

2. 練習問題や模擬試験をくり返し解く。

3. 理論編 と 実技編 をバランスよく学習し、理解を深める。

■ 領域ごとの学習ポイント&プラン

必要と される資質 (Part1)	・秘書の心構えや要求される資質は何か、その本質を理解すること。 ・暗記することは少ないが、試験には「上司への気遣い」の他、「上司の指示」や「他の上役からの依頼」にどう対処するかなど、<u>秘書としての考え方が多く出題される</u>ので、「秘書」の立場ならどうすべきかに焦点を当て、テキストを読み込む。 ・練習問題や模擬試験を何回も解き、正しい答えと思えるような表現の問題に迷わないようにする。
職務知識 (Part2)	・秘書的な仕事の機能と役割、秘書の業務について理解する。 ・暗記することは少ないが、試験には「上司の期待に応える仕事の仕方」の他、「秘書の業務全般」や「職務上の心得」など、秘書としての物事のとらえ方、行動が出題される。多岐にわたる「秘書」の仕事についてよく理解する。 ・<u>練習問題や模擬試験を何回も解き、正しい答えと思えるような表現の問題に迷わないようにする。</u>
一般知識 (Part3)	・企業と経営、社会常識について理解する。 ・<u>専門用語などを暗記する。</u> ・35問中、一般知識からの出題は3問と少ないが、専門用語の出題が多いので、しっかり暗記をして、3問正解を目指そう。
マナー・ 接遇 (Part4)	・人間関係、マナー、話し方や接遇、交際の業務について理解する。 ・<u>敬語の使い方をしっかりとマスターし、よく使う接遇用語は暗記する。</u> ・<u>人間関係における話し方と聞き方、説明、説得、忠告の仕方を覚える。</u> ・<u>電話応対の基本的なフレーズを覚える</u>他、上司への取り次ぎ方を把握する。 ・<u>お茶の出し方や席次のマナーを覚える。</u> ・暗記だけでなく、記述問題で出題される祝儀袋の上書きなどが書けるようにしておく。そのためにも、記述の練習問題、模擬試験を何度も解く。
技能 (Part5)	・会議、文書の作成・取り扱い、ファイリング、日程管理を理解する。 ・<u>ビジネス文書作成のポイント</u>を押さえ、慣用表現や、社内文書と社外文書の使い分けを覚える。 ・<u>円グラフ、帯グラフ、棒グラフ、折れ線グラフを、きれいに作成できるようにする。</u> ・<u>ファイリングの仕方を覚える。</u> ・日程管理、出張事務に関して覚える。 ・記述問題では、<u>返信用はがきの書き方</u>や、<u>封筒の表書き</u>、グラフの作成が出題されることが多いので、記述の練習問題、模擬試験を何度も解く。

■ 試験にあたっての注意点

● 試験では、「ＨＢの黒鉛筆」と筆記用具が指定されています。ペンケースに入れる筆記具は、ＨＢの黒鉛筆にしておくとよいでしょう。

● 消しゴムは、しっかりと消すことができる高性能のものを用意します。

● マークシートは、マークする部分を正確に塗りつぶし、はみ出さないようにします。

● 記述式のグラフ作成の問題では、「定規を使わなくてもよい」と記されていますが、定規を使ってもかまいません。フリーハンドでも、きれいに作成するようにします。

● 記述式では、読みやすさが重視されますので、文字は丁寧に、きれいに書くように心がけましょう。

■ 問題を解くときのポイントと注意点

1. 「適当」と「不適当」を間違えないよう、印をつける

　　マークシート方式は、5つの選択肢から
・適当と思われるものを一つ選びなさい。
・不適当と思われるものを一つ選びなさい。
の2タイプがあります。
　　問題文の「適当」には○印、「不適当」には×印をつけておくと、「適当」と「不適当」を間違えるうっかりミスを防ぐことができます。

2. 5つの選択肢に○×をつけていく

　　5つの選択肢を1つずつ読み、「適当」＝合っているなら○、「不適当」＝間違っているなら×の印をつけていきます。迷ったときは△にし、もう一度、問題文と選択肢を読んでみます。

3. 問題のキーワードを見落とさない

　　問題文には、「会議中に」などの状況設定が書かれていることがあります。そのキーワードを見落とさなければ、会議中のＮＧ行動や OK 行動から、選択肢を「適当」か「不適当」かチェックすることができます。特に、問題文が長い場合は、その文のポイントやキーワードと思えるところに○印をつけておくと、見落としません。

4. 引っかけ問題に注意する

●通常よい評価を得ることも、秘書としては「不適当」とされるものもある

　「必要とされる資質」や「職務知識」の出題には、選択肢の落とし穴といえる引っかけ問題が多いので注意。例えば、「人の意見に流されず、自分の信念は曲げない人」というのは、一般的によいとされますが、協調性を求められる秘書という立場でいうと×になります。秘書の立場、役割を理解し、問題を解くことが大切です。

●「不適当」を選ぶ問題で、不適当な選択肢が２つある場合は、
**　最も不適当なものを選ぶ**

　不適当な選択肢２つを見比べてみて、どちらがより不適当かを考えます。例えば、①上司の仕事のじゃまになると思い、何も言わずにお茶を机の上におく。②あいさつをしながら上司のところへ行き、日程の確認をする。この２つが不適当と思われる場合、②はあいさつをしているが、①は何も言わない＝あいさつをしないということになるので、①のほうが不適当と考えます。

　同様に、「適当」を選ぶ問題で、適当な選択肢が２つある場合は、より適切なものを選びます。

5. 迷った問題は後回しにする

　わからない問題に時間をかけるのは、もったいないことです。迷った問題には印をつけて次の問題に進み、ひと通り解き終わったあとで、じっくりと読み、解答するようにします。

6. 最後の見直しは記入漏れをチェック

　問題は、１つずつしっかりと解きます。最後に必ず見直し、マークの記入漏れがないかを確認します。

Part ①

必要とされる資質

試験での出題は

35問中 **5問** （5択問題）

社会人としての心構え

Point
★★★
● 秘書の印象が、上司や会社のイメージを左右します。
● 社会人の自覚を持って、仕事に取り組みましょう。

印象を左右する チェックポイント

☐ 表情や立ち居振る舞い。
☐ 生き生きとした話し方や 言葉づかい。
☐ 職場に適した身だしなみ。
☐ 相手の立場に立った対応。

 イメージUP

● 笑顔。
● ゆっくり、わかりやすい発音で話す。
● 正しい敬語を使う。
● 清潔感のある服装、ヘアスタイル、メイク。
● 相手への配慮、気遣いがある。

イメージDOWN

● 表情が暗く、覇気がない。
● ボソボソと話す、早口。
● 適切な敬語を使えない。
● だらしない服装、ヘアスタイル、メイク。
● 自分中心で相手のことを考えない。

デキる秘書の上司なら
信頼できるな。

社外の人

こんな秘書がいる会社は
大丈夫なのか。不安だ。

社外の人

≪ 社会人に必要な4つの自己管理術 ≫

1 健康管理

責任を持って仕事を
進めるには、健康が
第一。①1日3食の
食事、②適度な運
動、③十分な睡眠
を心掛けましょう。

2 時間管理

社会人にとって①時
間を守る、②時間を
有効に使う、③時間
当たりの作業効率を
上げることは、鉄則
です。

3 金銭管理

収入と支出のバラン
スを考え、浪費しな
いこと。職場で、現
金や小切手などを取
り扱う際には、細心
の注意を払います。

4 感情の コントロール

好き嫌いで判断せず、
客観的に判断し、冷
静な行動をとるよう
にしましょう。上司の
指示に従うのが鉄則。

上司の仕事の流れを理解する ★★★

よく出る

秘書は、まず上司の仕事の流れを理解しておくことが大切です。その上で、次の点に気をつけてタイミングよく補佐できるようにしましょう。

☐ 上司のスケジュールを把握し、それに合わせて自分の仕事を調整する。
☐ 上司への報告は、タイミングを見計らって行う。
☐ 上司が不在の際は、メモを残す、電話やメールなどで連絡をとる。
☐ 自分の都合ではなく、全体の仕事を考える。
☐ 急な残業に対応できるよう、退社後のプライベートな約束は時間に
　余裕を持たせておく。

> 仕事をスムーズに進めるためにも、
> 上司の仕事の流れをしっかり把握しよう。

仕事への研究心や向上心を持つ ★★★

よく出る

言われた仕事だけをやっていると、成長は望めません。実力をつけるためにも、日頃から研究心や向上心を持って仕事に臨みましょう。会社のさまざまな部門の仕事を理解したり、仕事に役立つ幅広い知識を身につけたりすることが、秘書としてのスキルを上げていきます。

こんなときは？ 上司から、いつも先輩がしていて
自分には経験のない仕事を指示されたとき

✕ 「それは△△先輩に指示していただき、
　私はそれを見て仕事を覚えたいと思います」

◯ 「先輩の△△さんに教えていただきながら、進めてもよいでしょうか」

> 未経験の仕事は先輩に教えてもらわないと、わからないよね。
> でも、それを勝手にやらず、まずは上司に確認することが大切！
> 先輩に仕事をしてもらうようにするのは、向上心に欠けるよ。

先輩・同僚・後輩への対応

ビジネスの場では、いくら親しくなっても友達に話すような言葉づかいは慎みましょう。先輩はもちろん、同僚や後輩にも丁寧語を使い、節度ある態度で接することが大切です。また、自分の仕事が終わったら、先輩に「何かお手伝いすることはありますでしょうか」と、気配りをすることも忘れずに。後輩に指示をする際は、その仕事の目的、期限、注意点を説明し、見本を示すなどして、十分に理解してもらうようにします。

 後輩がミスをしたとき

間違えてメール送っちゃった……

✕
- ●上司に注意してもらう。
- ●ミスを責める。
- ●特に何も言わない。

○ **ミスをきちんと指摘した上で、今後同じようなミスが起こらないよう指導する。**

ミスは誰でもするもの。ミスを責めるのではなく、どうすればミスを防げるかを指導することが大切だよ。

Check! ◯✕問題　次のことが適当ならば◯、不適当ならば✕で答えてください。

次は、それぞれ秘書Aが同僚に言ったことである。

① 同僚が体調が悪いと言いながら出勤したので、「仕事も大事だが、自分の体も大事なのだから、すぐに早退した方がよいのでは」

② 退社時、同僚の机の上に取引先宛ての速達郵便が置いてあったので、「先に失礼しますが、ポストに投函しましょうか」

解答と解説　①＝✕　②＝◯

相手の体を心配するのはよいことですが、同僚の上司ではない秘書Aは早退を勧める立場ではありません。

練習問題

1 秘書Ａの下に新人Ｃが配属され、ＡはＣの先輩になった。このような場合、ＡがＣから信頼される先輩になるにはＣにどのように気遣ったらよいか。中から<u>不適当</u>と思われるものを一つ選びなさい。

1）「困ったときは、すぐ相談にのる」と言って、安心して仕事ができるようにしてあげる。
2）仕事でミスをしたときには、同じことを繰り返さないように、原因を一緒に考える。
3）Ｃに仕事を教えるときには、印象が強まるように、自分の失敗例を話す。
4）上司の身の回りの世話などは、上司によって要求に差があるので、注意点を細かく教える。
5）Ｃが上司から受けた指示は、自分に報告させ、自分のアドバイスを受けて行うようにさせる。

2 秘書Ａが上司から、新人Ｃは仕事は速いが大ざっぱでミスが目立つので、注意をしておいてほしいと言われた。このような場合、ＡはＣにどのようなことを言えばよいか。中から<u>不適当</u>と思われるものを一つ選びなさい。

1）Ｃに仕事を頼むときは、ミスが出そうな箇所を教えるので、その箇所に注意して仕事をしてもらいたい。
2）仕事というものは、速く行うのも大切だが、ミスが目立たないようにすることも大切である。
3）仕上げた仕事に間違っているところがないかをチェックするのは、仕事のうちである。
4）Ｃに仕事を頼むときは見本を示すので、当分の間はそれをまねて見本どおりにやってほしい。
5）当分の間は、自分がＣの仕上げた仕事に目を通すので、出来上がった仕事は自分に見せてほしい。

〔 **解答と解説** 〕

1 **の解答 5）**

上司がＣに出した指示なので、Ｃが自分で判断して対応していかなければなりません。Ａには関係のないことです。したがって、Ａに報告させる、アドバイスを受けるように言うのは、Ａの余計な世話であって、信頼される先輩になるための気遣いとはいえません。

2 **の解答 2）**

仕事を速く行うのはよいことですが、ミスが多ければ仕事をしたことにはなりません。ミスは、あってはならないことなのです。したがって、目立たないようにと教えることは不適当となります。

秘書は上司の補佐役

Point
★★★
- 秘書は、あくまで上司のサポート役であることを心得ましょう。
- 秘書には、上司の意向を汲む気遣いが大切です。

上司

主役

秘書

補佐役、裏方

身の回りの世話をするときは、気遣いを忘れない

- 飲み物や食事を出すときは、上司の好み、天候などを配慮しましょう。タイミングよく出すことが大切です。

上司に指示をしてはいけない

- 上司の体調を気遣って「お帰りになられたらいかがでしょうか」と言うのは、指示していることになります。
- 秘書の立場をわきまえた言動をしましょう。

［ 上司が代わったとき ］

前任の秘書に、上司の性格、注意すべきこと、仕事の仕方などをレクチャーしてもらいましょう。また、新しい上司には、このやり方でよいかを確認しながら、仕事を進めていきます。

補佐役としての心構え

よく出る ★★★

　秘書の役目は、上司の補佐をすることです。上司の仕事がスムーズに運ぶように、次のことを気に留めておくことが大切です。

☐ 身の回りの世話をするときは気遣いを忘れない。
☐ 上司の職務や権限を理解して判断する。
☐ 上司の立場を理解した上で適切な補佐をする。
☐ 上司の指示を優先する。
☐ 資料は誰でもわかるように整理しておく。
☐ 業務に必要なスキル（パソコンなど）を身につけておく。

上司の意向を理解する

よく出る ★★★

　上司のよきサポート役になるには、上司の性格、好み、仕事の進め方をよく理解しておくことが大切です。上司の気持ちや考えを察することができれば、指示されたことだけに留まらず、した方がよい仕事が見えてきます。

上司を理解するには

●上司が関心を持っていること、活動の範囲を知る。
●仕事の仕方、注意すべきことを前任の秘書に聞いておく。
●よく話す機会を持つなど、コミュニケーションを大切にする。
●行き違いがあるときは、そのままにせず話し合う。

相性が悪いと思う上司でも、
自ら歩み寄って理解しようとする努力を！
そうすれば、気心もわかってくるよ。

ミスをしたときの対応

　自分はもちろん、上司でもミスをすることがあります。自分がミスをしたときは、言い訳をせず、わびることが重要です。なお、秘書は上司のミスを責めるようなことはしてはいけません。

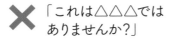

✕「これは△△△ではありませんか？」

上司のミスを指摘する言い方は避けましょう。

◯ 私の聞き間違いかもしれませんので、確認させていただきたいのですが、△△△でしょうか。

前置きをしてから、確認をする言い方にします。

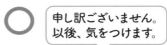

✕「指示どおりにしたもので、私に責任はありません」

自分に非がなくても、一度、上司の言葉を受けとめます。

◯ 申し訳ございません。以後、気をつけます。

すぐに謝罪をします。自分に非がないことを話す必要があれば、何かの折りに話すようにしましょう。

自分がミスをしたら

1 すぐに上司に報告して、おわびをする　▶　**2** 上司の判断を仰ぐ　▶　**3** 再発防止策を考えて実行する

Check! ▶ ◯✕問題　次のことが適当ならば◯、不適当ならば✕で答えてください。

新しく就くことになったN部長は、以前就いていた部長とは性格も仕事の仕方も違うので戸惑うことが多い。

① 前の部長のときと同じ仕事のやり方をして、N部長から注意されたら、一つずつN部長に合わせている。

② N部長は前の部長とは違うのだから、N部長を理解するまでは、一つずつ尋ねたり、確かめたりしながら補佐をする。

解答と解説

①＝✕　②＝◯

①のように注意されてから合わせるのでは補佐役としての心配りがありません。以前、N部長に就いていた秘書に尋ねたり、N部長に直接確認しながら仕事を進めます。

練習問題

1 秘書Aは、上司をよく訪ねてくる取引先のK氏から、「Aさんにはいつも世話になっているので、そのお礼に食事に招待したい」との電話を受けた。このような場合、Aはどのように対応したらよいか。中から**適当**と思われるものを一つ選びなさい。

1) 世話は仕事でしている当然のことなので、礼の心遣いには及ばないと言って断る。

2) 普段の世話に対しての礼ということなので、招待は喜んで受け、このことは誰にも話さない。

3) あとで返事をさせてもらうと言っておき、上司に相談して、よいと言われれば招待を受ける。

4) 自分への礼といっても仕事でしていることなので、上司に先に話してもらいたいと言う。

5) 自分への直接の電話で、自分への礼ということなのでそのまま受け、招待された後、上司に報告をする。

2 秘書Aの上司が外出から帰ってきた。見ると、昼食のときに汚したらしくネクタイの目立つところにシミが付いている。次はこのときのAの対応である。中から<u>不適当</u>と思われるものを一つ選びなさい。

1) すぐにシミを取るからと言ってネクタイを外してもらい、その場でシミを取る。

2) こういうときのためにシミ抜き液を用意してあるが、どうするかと尋ねる。

3) これでシミを取ることができるというシミ抜き液を持っていき、取り方を教えて渡す。

4) ネクタイの汚れは目立つので、すぐに取った方がよいと言い、ネクタイを外してもらってシミを取る。

5) よければシミを取るがどうかと尋ね、よいと言えばネクタイを外してもらってシミを取る。

[**解答と解説**]

1 の解答 3)

礼とは、感謝の気持ちを表すことですから、K氏からの食事の招待は受けるという前提でよいでしょう。なお、招待を受けるにしても、上司に相談してからというのが適切な対応です。

2 の解答 3)

上司の身の回りの世話を仕事とする秘書としては、昼食のときに汚したらしい上司のネクタイの汚れに対して、シミを取るように対応をしないといけません。したがって、取り方は教えるだけ、シミ抜き液を渡すだけというのは、自分には関係ないことといった対応になり不適当です。

機密を守る

Point
★★★
● 会社の機密の保持には、十分に注意を払うことが大切です。
● 上司の動静や個人情報を口外してはいけません。

NG

ここだけの話なんだけど、うちの会社と△△会社が今度合併するみたい。

「このくらいの情報なら大丈夫」と、安易に取り扱ったり、口外したりすると、秘書としてはもちろん、会社の信用もなくなるので、十分に注意して！

情報が漏れると、競争企業に先手を打たれたり、株価に影響が出たり、大きな問題に発展するんだ。会社の秘密になることは何なのかをしっかり理解して、それを守ることが大切だよ。

会社の機密情報

● 未発表の企業の合併や業務提携
● 組織の統廃合
● 未発表製品の情報
● 企画中の案件
● 取引先との契約条件
● 社内の人事
● 社員やお客様の個人情報　など

秘密を守る心構え

　会社の機密を外部に漏らすのは、情報漏えいにあたります。社員ひとりの言動が、会社の信用を落として大きな損害を与え、トラブルを招きます。

　特に、秘書は会社の機密事項に触れることが多いので、普段から十分に注意を払い、機密を守るようにしなければなりません。

【 社外秘などの機密文書を取り扱うときの注意点 】

- 無造作にデスクに置かない。
- コピーをする際は、できるだけ人がいないときに行い、原本をコピー機に置き忘れない。
- 破棄する際は、溶解処分（機密文書を専用ボックスに入れて業者が溶解処分）するか、シュレッダーにかける。
- 送るときは、中身が透けないように二重封筒にする。
- 郵送する際は、表面に「親展」と記し、簡易書留で送る。

> 機密文書はシュレッダーで破棄！

> 機密文書は、雑に扱わないこと。細心の注意を払って！

【 普段から気をつけること 】

- 機密事項を聞かれたら、「自分は知る立場にありません」と話す。
- むやみに仕事のことを家族に話さない。
- 電車の中で会社のこと、仕事のことを話さない。
- 話してよいことと、悪いことをよく判断して対応する。

> △△部長ってさぁ～。

> 上司から「口外しないこと」と言われたことは、絶対に守ること。
> 仲のよい同僚にも、社内の人事・異動は話さないで！
> 聞かれても「口外しないで」と言われているからではなく、「私は知らない」と言おう。

上司の情報は口外しない

秘書は、上司の仕事の内容、個人情報にも注意を払う必要があります。上司の出張先、打ち合わせ先などは、どんな仕事がどう動いているかの情報源になるので、会社の内部でも関係者以外は話してはいけません。

また、上司の自宅の住所、電話番号、スマホの番号などの個人情報は、上司の許可なく教えないようにします。

こんなときは？

取引先の方より、上司の息子さんの結婚式に祝電を送りたいと式場と日時を聞かれたとき

> ○月○日、△△ホテルで披露宴をされると聞いております。

この場合は祝電を送りたいということなので、聞いていることを教えてもかまいません。話してよいことと悪いことをしっかり見極めましょう。

上司が「私用で役所に行ってくる」と外出後、上司宛てに電話があったとき

> ただいま、外出しております。戻りましたらご連絡いたしましょうか。

私用なので、社内・社外の人を問わず、詳しく上司の外出先を言う必要はありません。単に「外出中」だと伝えればOK！ 上司が戻ったら、不在中に誰から連絡があったかのメモを渡します。

Check! ○×問題　次のことが適当ならば○、不適当ならば×で答えてください。

次は、上司（部長）の不在中にかかってきた電話への対応である。

① 健康診断で会社を休んでいるとき、課長からの電話に「健康診断で今日は出社しません。お知らせしていなかったでしょうか」と言う。

② 臨時の会議中にかかってきた取引先からの電話に「急な会議で席をはずしていますが、どういたしましょうか」と言う。

解答と解説　①＝○　②＝✕

「急な会議」と言うと、普通ではないことが起きていることを伝えることになり、取引先から詮索をされる可能性があります。この場合は「外出中」など、一般的な理由を言います。

練習問題

1 営業本部長の秘書Aは課長から、「当社がW社と提携するという噂があり、W社の役員もよく上司を訪ねてくる。提携は本当か」と尋ねられた。確かにW社の役員は上司を訪ねてきて、提携の話をしている。このような場合、Aは課長にどのように対応をするのがよいか。中から**適当**と思われるものを一つ選びなさい。

1) 「どこかと提携するらしいことは何となくわかるが、どこと提携するのかということまではわからない」と答える。
2) 「断言できないが、提携らしいことで上司はW社の役員と打ち合わせをしている」ということだけ言う。
3) 「W社の役員が出入りはしているが、どのようなことで上司のところを訪ねてきているのか、わからない」と答える。
4) 簡単には答えられないことを課長は知っているはずなので、なぜ聞きたいのか理由を確かめて、それによって答える。
5) 「そのようなことで打ち合わせているらしいが、まだ提携というところまではいっていないようだ」と言って受け流す。

2 秘書Aの上司（部長）が外出中、他部署を訪れた取引先のM氏が立ち寄り、「部長は今度栄転だそうだが……」とAに尋ねた。Aは、上司から異動の内示を受けたことを聞いていたし、社内の噂も聞いていた。このような場合AはM氏にどのように対応をすればよいか。中から<u>不適当</u>と思われるものを一つ選びなさい。

1) 「はっきりしたことは自分でも知らないが、噂は聞いている」と言う。
2) 社内でも噂になっているし、上司からも聞いていることなので、否定はしない。
3) 「自分は聞いていないが、他部署の誰がそんなことを話したのか」と尋ねる。
4) 「人事異動のことは、まだ発表されていないので、聞かれても困る」と言う。
5) 「内示があったことを上司から聞いているが、まだ発表になっていないことだ」と言う。

[**解答と解説**]

1 の解答 **3)**

上司がW社の役員と提携の話をしていても、秘書はそれを口外してはいけません。W社役員の出入りは事実というとしても、内容はわからないというのが適当。

2 の解答 **3)**

上司からも直接聞いていて、社内でも噂になっている中で「聞いていない」と言うのは不自然。また、「誰が話したか」などと社内のことを取引先に聞くことは不適切です。

秘書の人柄と身だしなみ

Point ★★★
● 秘書は、誰からも信頼される人柄であることが求められます。
● 好印象を与える身だしなみを心掛けることが大切です。

秘書に必要とされる人柄の要素　誠実　明朗　謙虚　責任感　協調性　機敏

お世話になっております。
○○様ですね。お待ちしておりました。

明るい笑顔で、
ハキハキと話す

下を向き、小さな声で
ボソボソ

上司や取引先の人の印象

● 感じがいい。
● 頼もしい。
● 社員教育ができている。
● これからの仕事も安心だ。

上司や取引先の人の印象

● 暗い印象。
● 聞き取りづらく、感じが悪い。
● 接客が雑。
● ちゃんと取り次いでもらえるか不安。

秘書の笑顔の効用

● その場を明るく和ませる。
● 話しかけやすく、仕事を頼みやすい。
● 初対面でも親しみを感じる。
● 人間関係を良好にする。

笑顔で対応して
怒る人はいないよね。

信頼を得るのに必要な人柄

　秘書は、上司の補佐役のほか、上司と社内外の関係者を結ぶ「パイプ役」も担っています。その役割をスムーズに果たすには、誰からも信頼されなくてはいけません。信頼は、日頃の仕事や人間関係の蓄積から得られるものです。

　そして、良好な人間関係を築くポイントとなるのが人柄です。以下のことに気を配り、上司や社内外の人から信頼される秘書になれるように努めましょう。

☐ 誠実で明るい。
☐ 誰に対しても公平な態度で接する。
☐ 協調性がある。
☐ 柔軟性に富んだ考え方ができる。
☐ 責任感がある。
☐ 口が堅くて秘密を守る。

☐ 謙虚で素直である。
☐ 冷静沈着で客観的な判断ができる。
☐ 周囲にきめ細かい気配りができる。
☐ 丁寧な言葉づかい。
☐ 上司の仕事を理解して、
　的確に補佐する。

秘書に必要な知性とセンス

　対人関係で難しい場面をスマートに乗り切るには、柔軟な考え方とともに、ユーモアやウイットに富んだ会話のセンスが必要です。同じ物言いでも、場が和むような言い方ができると、人間関係はもとより仕事も円滑に進みます。

　また、日ごろから何事にも向上心を持ち、知識を高めていくことも重要です。知性を身につけることで、相手に応じた会話ができるようになります。教養や会話のセンスを磨くことは、誰からも好感が持てる人間性を養うことにもつながります。

相手の心ない言動をさらりとかわし、その場の雰囲気をやわらげたり、気のきいた言葉を言ったりできるのが、デキる秘書だよ！

好印象を持たれる身だしなみ

社内外問わず、誰にでも好感を持ってもらうことが、信頼への第一歩。ポイントとなるのは、相手に不快感を与えない身だしなみです。清潔感のある服装、身だしなみを心掛けるのはもちろん、笑顔や言葉づかいにも気を配ることが、上司や会社の高評価につながります。

秘書にふさわしい身だしなみ

服装

- ジャケットとスカート（またはパンツ）
- 手入れされた清潔感がある装い

NG
- ・派手なデザイン
- ・高価なブランド服
- ・シワが目立つ

靴

- 中ヒールのパンプス

NG
- ・ハイヒール　・ブーツ
- ・ペタンコ靴　・サンダル
- ・ミュール
- ・飾りの多いデザイン
- ・派手な色やデザイン

アクセサリー

- 小ぶりでシンプルなもの

NG
- ・多くのアクセサリーを身につける
- ・華美なデザインや大ぶりのもの

メイク

- ナチュラルメイク
- ネイルはうすいピンクやベージュ

NG
- ・厚化粧　・ノーメイク
- ・口紅やネイルの色が派手
- ・強い香水をつける

ヘアスタイル

- 長い髪はピンやゴムなどで後ろにまとめる

NG
- ・お辞儀をしたとき、髪の毛が顔を覆って垂れ下がっている
- ・ボサボサ

Check!▶　○×問題　次のことが適当ならば○、不適当ならば×で答えてください。

上司から、「みんな君のように笑顔があるとよいのだが……」と言われたが、上司はなぜ笑顔を求めるのか。

① 笑顔のある人は親しみが感じられ、物事を頼みやすいから。

② 笑顔のある人は相手の心を和ませ、態度の善し悪しが気にならないから。

解答と解説

①＝○　②＝✕

笑顔がある人でも、態度の悪さが許されることはありません。笑顔があっても、態度が悪ければ気になります。

練習問題

1 秘書Aの下に新人Cが配属になった。Cは秘書としての言葉づかいや態度、振る舞いに全く無頓着で学生気分が抜けていない感じである。次は、このようなCにAが注意したこと。中から不適当と思われるものを一つ選びなさい。

1) 秘書の言葉づかいや態度、振る舞いの善し悪しが、会社のイメージを左右するので気にしないといけない。
2) 自分の言葉づかいや態度、振る舞いが先輩とどう違うか、気がつかないといけない。
3) 秘書の言葉づかいや態度、振る舞いが、会社の品格を表すことにもなることを知らないといけない。
4) 言葉づかいや態度、振る舞いは、上司のイメージに影響を与えるので気にしないといけない。
5) 言葉づかいや態度、振る舞いがよくないと、他の社員が秘書を特別扱いしなくなるので注意しないといけない。

2 秘書Aは先輩から、人によい印象を持ってもらうための態度や振る舞いについて次のように教えられた。中から不適当と思われるものを一つ選びなさい。

1) 服装が整っていると態度や振る舞いもきちんとするものなので、身なりを整えるように気をつかうこと。
2) ただの顔見知り程度の人であっても、出会ったときはこちらから積極的に明るくあいさつすること。
3) 態度や振る舞いで相手との関係はよくも悪くもなるものなので、どのような相手にも丁寧に対応すること。
4) 表情は明るく笑みをたたえているように心掛け、きびきびした行動をとるようにすること。
5) 後輩と話をするときの返事や相づちは、テンポをゆっくりするようにしてこちらが先輩であることを意識させること。

[**解答と解説**]

1 の解答 5）

言葉づかいや態度、振る舞いが悪いと、会社や上司のイメージダウンにつながります。秘書も同じ会社の社員なので、本来、特別扱いされることはありません。したがって、特別扱いをされなくなるからというのは不適当です。

2 の解答 5）

後輩であっても、よい印象を持ってもらうための態度や振る舞いは同じです。返事や相づちのテンポをゆっくりすると横柄な感じになります。このようなことで相手に先輩を意識させるのは不適当です。

求められる資質と判断力

Point
★★★
● 仕事は「上司の了解を得てから行う」のが原則です。
● 秘書には、状況に応じた的確な判断力が必要です。

上司の上役から仕事を頼まれたとき

✕ 上司に報告せずに仕事にかかる。

> はい、かしこまりました。
> すぐにやります。

> 他部署や上司の上役から
> 仕事を頼まれたときは、いったん
> 「かしこまりました」と引き受け、
> その後、上司に報告して
> 了承を得てから仕事をしよう。

◯ **上司の了解を得てから行う。**

● 上司の上役に対して

> はい、かしこまりました。

● 上司に対して

> △△常務より、資料の送付をお願いされました。
> お手伝いしてもよろしいでしょうか。

角が立つ言い方は NG　「部長の了承を得なければできません」
「それは私の仕事ではないので」

> こんな言い方は
> ダメだよ。

上司に了承を得ること　★★★

　秘書は、上司の指示に従って仕事をします。他部署の人から仕事の手伝いを頼まれた際も、必ず上司の了承を得ること。ただし、他部署への届けものなど、簡単ですぐに済む仕事などは、いちいち上司に報告しなくてもかまいません。

仕事を的確に処理する ★★★

　秘書は、多様な仕事を的確に処理していく能力が求められます。次のことを心に留め、秘書として自分の仕事は責任を持って行いましょう。

NG

頼んでいた書類はどうなっているか。

本日〇〇部長は支店に行っていますので、支店に連絡して聞いてみてはいかがでしょう。

- ●人に仕事を押しつけない。
- ●不満ばかりを言わず、改善策を考えて、上司に提案をする。
- ●オーバーワークになる前に上司に相談して手を打つ。
- ●仕事の期限はしっかりと守る。

自分が何も聞いていないからと、直接、他部署の部長から連絡をお願いするのは、秘書の仕事を押しつけていることになる！秘書から上司に連絡をすべきことだよ。

状況に応じて判断をする ★★★

　秘書には、上司の補佐をしていく上で、臨機応変に対処できる「判断力」が求められます。的確な判断をするためにも、次のことを心に留めておきましょう。

☐ どう対処することが、上司や会社にとってよいのかを理解しておく。
☐ 事態を悪化させないように対処する。
☐ 何か起こっても機転をきかせて、素早く対処できるようにしておく。

こんなときは？ **メールを誤送信してしまったとき**

 メールでおわびをする。

 すぐに送付した人に電話をして破棄してもらう。

大変申し訳ございません。先ほどお送りしたメールは開かずに破棄していただけませんでしょうか。お手数をおかけいたしますが、どうぞよろしくお願いいたします。

「取り次ぐな」を取り次ぐ判断基準 ★★★

よく出る

上司から電話や来客などがあっても「取り次がないように」と言われることがありますが、これを額面通りに受け取ってはいけません。この言葉には「例外は別として」という言葉も含まれているからです。

取り次ぐときの判断基準

▶ **緊急性・重要性があるか**

取り次ぐ例）家族からの緊急電話、家族や社員の事故や病気などの緊急電話。

▶ **上司との関係性**

取り次ぐ例）上司の上役からの連絡、取引先の転任・着任のあいさつ。

▶ **いつでも会える人かどうか**

取り次ぐ例）紹介状を持っている人、上司の恩師や親友の訪問。

▶ **遠距離からの来客かどうか**

取り次ぐ例）遠方の支社や取引先の人。

こんなときは？ 上司（鈴木部長）に「取り次ぐな」と言われているのに取引先の人からの電話があったとき

至急、確認したいことがあるのですが。

▼

至急、緊急と言われた場合は、上司に口頭やメモなどで、至急に確認したい旨があることを伝え、上司の指示を仰ぐ。

△△部長はいらっしゃいますか。

▼

「鈴木は外出中で11時に戻る予定です」
「ただいま、立て込んでおりますので、後ほどこちらからご連絡いたします」

Check! ○×問題　次のことが適当ならば○、不適当ならば×で答えてください。

部長の指示で資料整理をしているところへ、
常務から「至急この書類を取引先へ届けてほしい」と言われた。

① 常務は部長の上司であるから、すぐに書類を受け取り、届ける。

② 書類を預かり、部長に事情を話して了承を得てから届ける。

解答と解説

① ＝ ✗　② ＝ ○

常務は部長の上司ではありますが、秘書は自分の上司の了承を得てから行動しなければなりません。

練 習 問 題

1 次は、秘書Aが同僚と、秘書に求められる資質にはどのようなものがあるか話し合ったことである。中から、秘書の資質として特にこれが欠かせない重要なことというものを一つ選びなさい。

1) 何事にも熱心で誠実である。
2) 行動力があり従順である。
3) 気配りができて口が堅い。
4) 教養があって明朗である。
5) 美的センスに優れ責任感がある。

2 秘書Aの上司が外出中、不意にM氏が訪れた。M氏については、以前訪れたとき上司から、「次回からは取り次がないように」と言われている。このような場合、AはM氏にどのように対応すればよいか。中から不適当と思われるものを一つ選びなさい。

1)「上司は外出していて不在である」と話し、「来社されたことは上司に伝えておく」と言う。
2)「上司は外出中」と話し、「差し支えなければ用件を伺っておいて、こちらから返事をさせてもらう」と言う。
3)「上司は外出中」と言い、「しかし、もし在社していてもお目にはかかれないだろう」と話す。
4)「上司は仕事が立て込んでいて、不意の来訪にはなかなか応じられない状態である」と話す。
5)「上司は外出している」と話し、「来訪については、前もって連絡してもらった方が良い」と言う。

[**解答と解説**]

1 の解答 3)

選択肢のどれもが、どのような仕事をするにも必要なこと。しかし、仕事の特質として、秘書は上司の手助けや周囲の人との間に立って都合の調整などへの気配りが必要です。また、秘書は上司の仕事や周辺の情報に接する機会が多いため、特に口の堅さが求められます。

2 の解答 3)

次回から取り次がないようにと言われているM氏ですが、M氏は上司に面会をしたいから訪れてくるのです。いずれ断らなければならない客ではありますが、客は客。折よく上司は外出中なので、何かの理由をつけて、断ることを先に話しておくのがよいでしょう。

秘書に必要な能力

Point ★★★　●秘書の仕事には、適切な「判断力」のほかに「理解力」「洞察力」「行動力」「人間関係処理力」「情報収集力」も求められます。

急に出掛けることになった。あとはよろしく頼むよ。

上司がこう言ったら、秘書は上司のスケジュール変更にいろいろ対応し、調整しないといけないんだよ。

大変申し訳ございません。本日のお約束ですが、日時を変更させていただけませんでしょうか。

秘書が行う対応

【 アポイントをとっていた人への対応を行う 】

●相手に電話連絡をする。

●丁寧におわびをする。

●予定変更の理由は「急用のため」と話す。

●次のアポイントをとる。

●先方の都合のよい日時を2〜3聞いておく。

【 社内で部長会などがあった場合 】

●担当者に、「14時に急用が入ったので会には出席できなくなりました」と、欠席を理由とともに伝える。

正確に理解をして対応する ★★★

よく出る

　秘書には、上司の指示や意向を正確にとらえる「理解力」が求められます。十分に理解しないまま、あるいは思い込みで行動をしてはいけません。見当外れな対応をしないためにも、次のことを心に留めて、上司の意図を理解するようにしましょう。

☐ 上司の話は、ポイントをおさえて最後までしっかりと聞く。
☐ わからないことは確認し、曖昧なまま進めない。
☐ 仕事上の専門用語などを勉強しておく。

上司の指示や意向を正しく理解していないと、
不適切な補佐をすることになるので気をつけて。

仕事の流れを読む ★★★

よく出る

　秘書は、上司の仕事の流れを把握して、次に何を準備すべきかを読む「洞察力」が求められます。上司をスムーズに補佐するには、タイミングが重要。それには、いつも先手を打って仕事の準備をするようにします。

【 タイミングよく補佐するには 】
● 今、何が優先すべき課題かを承知しておく。
● 今、上司が何に関心を持っているか把握しておく。
● 日ごろから上司の人間関係を把握しておく。

秘書は、上司の「あれ、どうなっている?」という問いかけにも、
話の前後から上司の言おうとしていることを理解して、
すぐ対応することが求められるんだよ。

スピーディに処理する行動力

　秘書には、上司に指示されたことを、的確かつ素早く処理する「行動力」が必要です。そのためには、指示された仕事に必要なものが、どこにあるかを把握しておかなくてはいけません。手際よく仕事をするには、次のことを心に留めておきましょう。

□ 仕事のポイントを押さえて行動する。
□ 何の資料がどこにあるかを、しっかりと把握しておく。
□ 他部署から資料を借りる場合、事前に連絡しておく。

よしっ、販促の資料はここにまとめてあるんだな。

会議の資料をこれから借りに行きたいのですが……

秘書に求められるフットワークの軽さ

● いつも、テキパキした行動を心掛ける。

● 面倒なこと、人が嫌がる仕事も快く引き受け、すぐに処理する。

● 考え過ぎや迷いは時間の無駄。わからないことは、先輩などに聞いて、すぐに行動に移す。

かしこまりました。

この場合はどうすればいいですか?

言われたことをすぐに行うフットワークのよさを身につけて。

良好な人間関係を保つ

よく出る ★★★

　秘書は、上司と関係者をうまく結ぶパイプ役でなくてはいけません。そのためにも、日ごろから人間関係を良好にしておく必要があります。また、社内外の人には丁寧な対応を心掛けること。秘書の人間関係処理能力が、上司の評価を大きく左右することを心得ておきましょう。

人間関係が良好だと、無理な依頼にも協力してくれたり、トラブルが起きても円満に解決できたり、何かと仕事が円滑に進むよ。

情報を収集・整理する

よく出る ★★★

　秘書は、上司の仕事に関するさまざまな情報を収集、整理をしておき、必要なときにタイミングよく提供できるようにしておくことが大切です。また、普段からいろいろなことにアンテナを張っておき、上司から人気の土産物や評判の映画などを聞かれたとき、すぐ答えられるようにしておきましょう。

　なお、その際、自分の意見を押し通すのは禁物。「あくまで私の意見ですが」と前置きして話すようにします。

Check! ▶ **○×問題**　次のことが適当ならば○、不適当ならば×で答えてください。

上司から「14時に急な会議が入ったので、部長会は欠席するからよろしく頼む」と言われた。

① 部長会の内容は議事録を見ればわかるので、上司欠席の件は担当者に伝えなくてもよい。

② 部長会の担当者に、「申し訳ないが、上司は14時に急用が入ったので欠席する」と伝える。

解答と解説

①＝✕　②＝○

「よろしく頼む」と言われたのは、「部長会を欠席することを担当者に伝えておいてほしい」という意味があることを理解しなくてはなりません。

練習問題

1 秘書Aは上司（部長）から、「しばらく考え事をしたいので、私は席にいないことにしておいてほしい」と言われていた。次はこの場合にAが行ったことである。中から<u>不適当</u>と思われるものを一つ選びなさい。

1) 上司の在否を尋ねてきた他部署の部長に「上司の指示で、しばらく不在ということになっている」と答えた。

2) 上司宛ての紹介状を持った客が不意に来たが、上司の在否は言わず「少し待ってもらいたい」と言って、上司の指示を仰いだ。

3) 常務から内線電話で「急用で部長に相談したいことがある」と連絡があったので、用件を聞かずにそのままつないだ。

4) 不意の来客に「上司は仕事が立て込んでいて会えない。用件を聞かせてもらえれば伝えておくが……」と言った。

5) 上司の親しい友人が不意に訪ねてきたが、すぐに取り次がずに「上司の都合を聞いてみる」と言って待ってもらった。

2 秘書Aは上司（H部長）から、「1時間ほど専務と話し合っている。その間、私はいないことにしておいてほしい」と言われた。そこへP部長が、「先ほどH部長が席にいるのを見掛けたので、急ぎ聞いておきたいことがあって来た」と言って訪れた。この場合、秘書AはP部長にどのように対応すればよいか。中から**適当**と思われるものを一つ選びなさい。

1) 相手は部長でもあるので、上司は専務室にいることを話して、「急ぎということなら、専務室に行って聞いてもらえないか」と言う。

2) 社内のことなのでいずれわかるだろうから、「上司は専務と面談中だが、不在ということにしておくよう指示されている」と言う。

3) 「上司は少し前までいたのだが、今は席を外している。内容を聞かせてもらえば、自分が答えてもよいが……」と言う。

4) 上司が専務と面談中のことは話さずに、「上司は席を外しているが、社内にいるので、急ぎということなら連絡をとろうか」と言う。

5) いないことにしておいてほしいという上司の意向なのだから、「上司は行き先を告げずに席を立ったので、戻ったら連絡する」と言う。

［ 解答と解説 ］

1 の解答 1）

同じ会社の部長なので、不在ということにしていても、急ぎの用事なら取り次ぐようにします。ただし、急ぎではないなら理由を言い、改めて連絡した方がよいかを確認します。

2 の解答 5）

P部長の聞きたいことに対しては、1時間後に連絡できます。上司はいないことにして専務と話し合っているのですから、それを言うわけにはいきません。したがって、5）が適切な対応。

理論編

Part ②

職務知識

試験での出題は

35問中 **5問** （5択問題）

会社での秘書の役割

Point
★★★
● 秘書は、上司の雑務や身の回りを補佐するスタッフです。
● 秘書は、上司の業務を代行する立場ではありません。

秘書

機能 上司の補佐

⬇

役割
・上司の身の回りの世話
・スケジュール管理
・来客の応対
・電話応対
・出張に関する事務　など

⬇

仕事
・予定表の作成・記入
・日程変更に伴う調整
・予定客の取り次ぎ　など

上司の期待に応えていくのが、
秘書の役割なんだ。
そのためにも、気配りの行き届いた
補佐を心掛けるようにしよう。

《 所属による秘書の分類 》

個人つき秘書
特定の個人につく専属秘書のこと。どの部門にも所属しない。欧米の企業には多いタイプ。

秘書課秘書
秘書課に属し、経営者層を担当。一人で複数の上司を補佐したり、チームで補佐したりする。直属の上司は秘書課の課長。

業務秘書
部長、課長、支店長などの中間管理職を担当。上司が統括する部門に属し、部内業務と上司の補佐を兼務する。

チームつき秘書
新規事業などのプロジェクトチームや研究部門を担当。チーム全体を補佐して、チームを円滑にする。

秘書はスタッフの一員

組織には、ラインとスタッフの機能があるのが一般的です。ラインとは、製造や販売など直接業績に結びつく部門のことで、スタッフは総務、経理、人事など、ラインを支援・補佐する部門をいいます。秘書は、経営管理を行う上司を補佐する立場で、スタッフ部門になります。

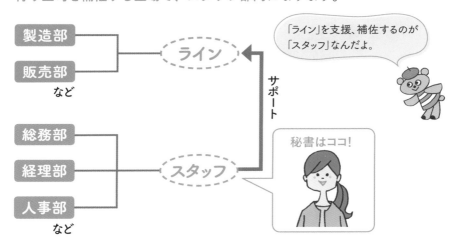

「ライン」を支援、補佐するのが「スタッフ」なんだよ。

秘書はココ！

スタッフとして上司を補佐する

スタッフとしての秘書の機能とは、上司が経営管理に専念できるよう、仕事をするうえで生じるさまざまな雑務を引き受け、上司を補佐することです。そのため、上司の指示に従うのはもちろん、次のことも気に留めておくようにします。

☐ 原則、仕事は上司の指示や許可を得て行う。
☐ 自分勝手に行動してはいけない。
☐ 上司の評価を落とす言動は慎む。
☐ 陰の力に徹する。

秘書は、上司がいてこそ存在するものなんだ。

上司の期待に応える

上司は、経営に関わる役員を補佐し、事業目標達成を図るために、決済業務や取引先との面談・交渉、会議への出席、部下への指示を行っています。上司の職務は企業の業績に直結しますが、秘書は上司を適切に補佐することで、間接的に企業に貢献することができます。

だからこそ、秘書は上司の期待に応えられるよう、仕事に取り組む必要があるのです。

気配りの行き届いた適切な補佐は、上司の業績向上に寄与するけど、逆に秘書のミスは上司の責任になるということも自覚しておくこと！

Check! ○×問題　次のことが適当ならば○、不適当ならば×で答えてください。

上司は営業支援のためにB営業所へ出張することになった。

① 上司に、前もってB営業所から受け取っておいた方がよい資料を確認し、B営業所に依頼した。

② 営業支援として具体的に何をしたらよいのかをB営業所に確認した。

解答と解説

①＝○　②＝✕

どのような支援をするかは、B営業所と上司とで決めることであり、秘書の判断で確認することではありません。

練習問題

1 　秘書Aの上司（人事部長）は、ある業界団体からの依頼で「働き方改革セミナー」の講師を引き受けることになった。次は、このときAが上司から「詳しいことを先方に確認しておくように」と言われて主催者に聞いたこと。中から<u>不適当</u>と思われるものを一つ選びなさい。

1) 講師料と支払方法
2) 研修対象者のことと人数
3) 会場と交通の便
4) 特に希望する研修内容
5) 上司に講師を依頼した理由

2 　秘書Aは上司から、「郵便局でわたし個人の用事を済ませてから、取引先へ15時までにこの書類を届けてほしい」と言われた。ところが郵便局の用事に時間がかかり、15時までに取引先へ行けそうもない。このような場合、Aはどう対処すればよいか。中から**適当**と思われるものを一つ選びなさい。

1) 取引先に「出先の都合で15時に間に合いそうもない」と、わびの電話を入れて、出来るだけ急いで行く。
2) 取引先になるべく急いで行き、遅れたことをわび、理由は相手に関係ないことなので何も言わないでおく。
3) 上司に「郵便局で時間がかかったので、15時に行けないと取引先に連絡しておいてほしい」と頼んでから行く。
4) 取引先に「上司の個人的な郵便局の用事で時間がかかったので、少々遅くなる」と電話を入れてから行く。
5) とにかく取引先に急いで行き、着いてから約束の時刻に遅れたことの理由を話し、了解してもらうようにする。

［ **解答と解説** ］

1 **の解答 5）**

セミナーの講師を引き受ける際、主催者に確認することは、それがわからないと講師としての仕事が出来ないことについてです。上司に講師を依頼した理由は、それがわからなくても何の差し支えもないので、確認する必要はありません。

2 **の解答 1）**

約束の時間に遅れる場合は、わかった時点でわびを入れるのが常識。相手にとっては、できるだけ早く書類を届けてもらえればよいので、理由を特に言う必要はありません。

職務上の心得

Point
★★★
- 秘書は職務範囲外のことをしてはいけません。
- 機密を守り、上司の仕事や私事に深く立ち入らないようにします。

心得ておきたいこと

- 留守中の電話や来客は、必ず上司へ報告する。
- 上司が不在にしているときの対応。
- 上司から「今すぐ〜してほしい」の指示にはすぐに応える。
- 上司の自宅に電話するのは緊急時のみにする。

今すぐA社の担当者に連絡をして。

かしこまりました。

秘書がやってはいけないこと

NG

印を押すだけなら……。

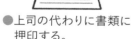

2日の予定をキャンセルしたいのですが……。

- 上司の代わりに書類に押印する。
- 上司に無断で、スケジュール変更をする。

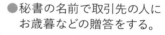

- 秘書の名前で取引先の人にお歳暮などの贈答をする。
- 上司の承認を得ないで、面会の予約をする。
- 上司の許可を得ずに代理としてパーティーなど行事に出席する。
- 上司の部下への指示を秘書がする。

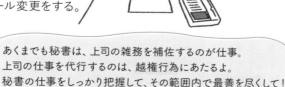

あくまでも秘書は、上司の雑務を補佐するのが仕事。
上司の仕事を代行するのは、越権行為にあたるよ。
秘書の仕事をしっかり把握して、その範囲内で最善を尽くして!

秘書の職務範囲

　秘書は、上司を補佐するのが仕事です。上司が急病になって本来の仕事ができなくなったとしても、その仕事を秘書が代わりに行うことはできません。急ぎだからと言われても、上司の代わりに決裁書などに印鑑を押すのはもってのほか。許されている権限を越えた行為になります。

　秘書は、上司の本来の業務で派生する雑務をサポートするのが仕事だということを心得ておきましょう。

こんなときは？　**上司の不在時、上司の判断が必要になったとき**

 急ぎなので、独断で進める。

 上司の代理の人（上役や部下など）または秘書課長に相談して、どうすべきかの指示を受ける。

> 上司が出張などで不在だったり、連絡が取れなかったりする場合の対応の仕方を前もって心得ておくことが大切だよ。

上司へ進言をする際の心得

　秘書は、上司に忠告や進言する立場ではありませんが、上司に求められた場合は、次のことを心掛けて意見を述べましょう。

☐ 上司の食事、服装について、失礼にならない範囲で意見を述べる。
☐ 上司の仕事のミスに気づいた場合、言い回しに注意しながら進言する。
☐ 上司から、部下など人物の評価を求められたら、悪い面ではなく、
　よい面を中心に話すようにする。

> 上司のミスに意見するのは難しいけど、それが上司や仕事に悪影響を及ぼしそうなら、早めに進言して。

上司の仕事には立ち入らない

　秘書は上司のよきサポート役でなくてはいけません。上司からの信頼を得るためにも、次のことを心掛け、機密を守り、上司の仕事やプライベートには深く立ち入らないことが大切です。

☐ 上司の個人的な事柄には、深く立ち入らない。
☐ 上司の仕事に対して、口出しをしない。
☐ 職務上、知り得た会社の情報を口外しない。
☐ 上司のプライベートを他人に漏らさない。

上司が黙って部屋を出たとき、「どちらに行かれるんですか」などと、行き先を尋ねないようにね。

【 上司の人物像を把握する 】

仕事関係	主な仕事内容、職務権限、所属団体、人脈など
生活環境	住所、利用駅、家族構成など
特　性	性格、趣味、信条、好み、健康状態など

上司を適切に補佐するためにも、上司の基本的な人物像は知っておこう！

Check! ◯✕問題　次のことが適当ならば◯、不適当ならば✕で答えてください。

次は、秘書 A が最近行ったことである。

① 取引先から中元の品が送られてきたので、上司に報告し、お礼状はいつものように書いて出すと言った。

② 上司の不在時、他部署に訪問していた客が打ち合わせの帰りに上司宛に訪れたことは報告しなかった。

解答と解説　①＝ ◯　②＝ ✕
上司不在時の来客や電話はすべて報告して、対応の指示を仰がなければなりません。

練習問題

1 秘書Aの上司（管理部長）は、今日は外出先から直接自宅に戻る予定。上司に今日中に伝えた方がよいことはAが上司の自宅に連絡することになっている。次はAが連絡したこと。中から不適当と思われるものを一つ選びなさい。

1) 管理本部長が、「明日の夜取引先B社を接待するので、同席してもらいたい」と言ってきたこと。
2) 管理本部長から、「G工場で起きた火災は、大事に至らず鎮火した」という連絡を受けたこと。
3) 課長が、「明朝一番でお願いしたいことができたが、部長の都合はどうか」と尋ねてきたこと。
4) 寄付の依頼に訪れた上司の知人が、「明日電話をすると伝えてもらいたい」と言って帰ったこと。
5) 常務が、「明日の取引先の告別式に、自分の代理で参列してもらいたい」と言ってきたこと。

2 秘書Aの上司の外出中に、上司の知人Kと名乗る人から電話があった。「上司に至急相談したいことがあるので、今日中に時間を取ってもらいたい。時刻はそちらの都合に合わせる」とのこと。上司の帰社予定は40分後で、その後に予定は入っていない。次は、この電話でのAのやりとり。中から不適当と思われるものを一つ選びなさい。

1) Kの連絡先と連絡がとれる時刻を尋ねた。
2) 今日の上司の空いている時間を言った。
3) どのような知人かを尋ねた。
4) 上司に相談したい用件と所要時間を尋ねた。
5) 上司が戻り次第、こちらから連絡をさせてもらうと言った。

[**解答と解説**]

1 の解答 4）

その日のうちに上司の自宅へ連絡する必要があるのは、上司が気にかけている大事なこと、今日知っておかないと明日に差し支えること、家人が知っておかないと上司に差し支えが出ることなど。寄付の依頼のことは、これらに当てはまらないので不適当です。

2 の解答 2）

相手が上司の知人と名乗り、今日中に相談したいことがあると言っても、上司がすぐに会うかどうかはわかりません。または会わないかもしれません。したがって、会うことを前提に今日の上司の空き時間を言うことは、不適当になります。

仕事の進め方

Point
★★★
- 緊急性の高い仕事を優先して進めましょう。
- 仕事を標準化しておき、効率よく処理するようにします。

これを急ぎで頼むよ。

承知いたしました。急ぎで取り掛かりますが、いつまでに仕上げればよろしいでしょうか。

合理的に仕事を進めるポイント

● **優先順位を決めて処理する。**

➡ 緊急度、重要性を考えて、まず何からやるべきかを考えましょう。どれも重要性を感じて自分では判断しかねるときは、上司に確認してから進めます。

● **自分の処理能力を把握し、時間配分を考える。**

➡ 期限内に仕事を終えるよう、日ごろから作業にかかる時間を自分で把握しておきましょう。そうすれば、上司から「これは、いつできる?」と聞かれた際も、おおよその時間を答えることができます。

上司から仕事を指示された場合、必ず期限を聞くこと! そのうえで、現在進行中の仕事を考慮して、計画的に進めることが大切だよ。

こんなときは? **今日締め切りの仕事をしている最中、上司から面会予約を指示されたとき**

 「本日締め切りの仕事と、面会予約のどちらを優先すればよいですか?」と上司に聞く。

○ 「かしこまりました」と言って、すぐに面会予約の電話をする。

面会予約は短時間で済む仕事だし、予約は早くした方がいい。上司に聞くまでもなく、優先順位、作業時間を考えても面会予約の電話のほうが先だよ。

ひな型やチェックリストを作成

よく出る ★★★

　作業漏れや、ケアレスミスを防ぐためには、仕事の方法や手順を一定の形式にまとめておくことが大切です。具体的には、次のことをしておきましょう。

ビジネス文書はフォーマットを作成しておく

よく使う文書は、基本のフォーマット（ひな型）を作成しておくと便利です。必要に応じて手を加えるだけで、すぐに文書が完成します。

ビジネス文書

チェックリストを作る

毎日のルーチンワークも、チェックリストを作成して一つずつ確認していけば、確認漏れを防ぐことができます。

退社前のチェック項目（例）

- □ スケジュールを見て、明日の仕事の手順を考える。
- □ 机の上を整理し、部屋の片づけをする。
- □ 上司の忘れ物がないかを確認する。
- □ パソコン、コピー機の電源スイッチを切る。
- □ キャビネット、ロッカー、金庫のカギをかける。
- □ 帰りに投函する郵便物を用意して持つ。
- □ 火の点検、戸締り。

上司の出張時に行う仕事リストを作成

上司が出張する際にすべき仕事をリストアップしておくと、慌てずスムーズに出張の準備ができます。

例）出張で必要な仕事リスト
- ●宿泊先の手配
- ●新幹線や飛行機などのチケット手配
- ●接待の店の予約
- ●経理部へ仮払いと出張計画書の提出
- ●出張後の精算

文書をフォーマット化したり、仕事のチェックリストなどを作成しておくと、時短につながり、仕事の効率もグンとアップするね。

空いた時間は有効に使う

仕事が一段落して手が空いたら、普段なかなかできない仕事を処理しましょう。空いた時間を上手に活用することで、その後の仕事の効率化が図れます。

空いた時間で行いたい仕事

● 名刺などの整理。

● 電話番号、メールアドレス、住所録、名簿などの整理。

● 資料の作成や整理。

● 新聞や雑誌の切り抜きとスクラップ。

> 雑務だからといい加減に仕事をしたり、苦手な仕事を後回しにしていては、効率的に仕事を進めることはできないよ。

こんなときは？ 上司の不在時、他部署の秘書Bからパソコンでの清書を手伝ってほしいと言われたとき

✗ 「今、手が空いているから手伝えるけど、後で手伝ったことを私の上司に報告してね」とBに言う。

◯ 「かしこまりました」と言い、手伝う。

> この程度の仕事なら、臨機応変な判断で手伝えば OK。わざわざ後で秘書Bから上司に報告すべきことではない。

Check! ◯✗問題　次のことが適当ならば◯、不適当ならば✗で答えてください。

次は、秘書 A が業務を進めるうえで気をつけていることである。

① いくつかの仕事を同時に依頼されたときは、時間がかかるものから対応することにしている。

② 私的な用事を頼まれたときは、急ぎかどうかを尋ね、急ぎであれば進めている仕事の途中でも対応するようにしている。

解答と解説

①＝✗　②＝◯

仕事は順番（優先順位）を決めて処理をします。時間のかかるものからではなく、急ぎの仕事から処理をするようにしましょう。

練習問題

1 次は、秘書 A が最近行ったこと。中から<u>不適当</u>と思われるものを一つ選びなさい。

1) 開封した上司宛の郵便物は、速達や急ぎのものなどを上にして机の上に置いた。
2) 上司が忙しそうだったので、「何かお手伝いできることはございませんでしょうか」と申し出た。
3) 上司の外出中、面会予約の電話があったが、その日時の上司の予定がどうなっているかだけを答えておいた。
4) 上司の出張中、急ぎの稟議書が回ってきたので、預かっていた印鑑を押して次の人に回しておいた。
5) 上司が会議中、上司の家族から緊急という電話を受けたので、すぐにメモで上司に知らせた。

2 部長秘書 A は、他部署の秘書 S と一緒に、今日中に仕上げなければならない資料を作成することになっていた。ところが上司が急に明日出張することになり、その準備をしなければならなくなった。次はこのとき、A が資料作りと出張の準備をどのようにすべきか考えたこと。中から<u>不適当</u>と思われるものを一つ選びなさい。

1) S に事情を話して自分の分は早く終わらせ、後は S にお願いして出張の準備をする。
2) S に出張の準備の話をして資料作りを二人で早く終わらせ、その後出張の準備をする。
3) S に出張の準備の話をして資料作りを二人で早く終わらせ、S と一緒に出張の準備をする。
4) S に事情を話し、自分の分を早めに始め、終えたら S の分を手伝って早く終わらせ、出張の準備をする。
5) S に事情を話し、資料作りに時間がかかるようなら途中から S に任せて、自分は出張の準備をする。

〔 解答と解説 〕

1 の解答 4)

稟議とは方針を決める、物品を購入するなどについて関係する上役の承認を得ることで、秘書の役割ではありません。押印することは決裁したことを意味します。

2 の解答 3)

出張することになったのは A の上司。出張準備は日程調整など、秘書である A でないとできない仕事。資料作成をやり繰りして早く終わらせるのはよいですが、出張の準備までも他部署の S と行うのは不適当。

秘書の定型業務

Point
★★★
● 定型業務は、秘書の判断で進めてよいものです。
● 判断がつかない業務は、上司に相談します。

NG

とにかく何でも上司に
聞いてからじゃないと……

出張のチケットは
とっていいですか

お歳暮の礼状は
出したほうがいいですか

アポをとっている
というお客様、取り次いで
いいですか?

…

日常的な業務をする際は、いちいち上司の指示を仰ぐと、上司を煩わせる
ことになってしまう。いつも同じ手順で行う業務は、秘書の判断で行うものだよ。

定型業務とは

よく出る
★★★

　定型業務の進め方は、あらかじめ上司と相談したり、上司の意向を聞い
たりしておきます。そのため、秘書の判断で進めてかまいません。ただし、
定型業務の中には、上司の指示を仰ぎ、確認しながら行うものもあること
を忘れないようにしましょう。

秘書の判断で
進めるもの ➡ 日常的な
ルーチンワーク

上司の判断を
仰ぐもの ➡ 会合への出欠、
面談の予定など

主な定型業務

01 上司の身の回りの世話

- お茶や食事の手配。
- 車の手配。
- 嗜好品や備品の購入。
- 健康状態への配慮（健診の予約、持病や主治医の把握など）。
- 私的な交際に関する事務（友人や趣味の会の連絡事務など）。

02 スケジュール管理

上司の指示を仰いで、確認を！

- 面会予約客のスケジュール調整。
- 予定表の作成と記入。
- 予定変更に伴う日程調整。
- 上司のスケジュール確認。

予約漏れやダブルブッキングがないようにね。日程変更の際は、関係先への連絡も忘れずに。

03 来客応対

- 来客の受付、取り次ぎ、案内。
- 来客への接待（茶菓のサービス）。
- 上司不在中の来客応対。
- 来客の見送りをする。

よい印象を与える接遇は、上司や会社のイメージアップにつながるよ。

04 電話応対

- 上司宛ての電話の応対。
- 上司がかける電話を取り次ぐ。
- 上司が不在中の電話応対と上司への報告。
- 問い合わせの応対。

電話は互いに顔が見えないからこそ、声のトーン、話し方が大切なんだ。

05 会議・会合

上司の指示を仰ぎながら行う！

- 会議開催の案内状の作成・送付。
- 会議資料の作成・配布。
- 会場の手配と準備、当日の受付。
- 食事や飲み物の手配。
- 議事録の作成。

06 交際業務

- 冠婚葬祭に関する事務。
- お中元やお歳暮の手配や礼状を出す。
- お見舞いや祝い事に関する手配。

お中元やお歳暮が届いたら、すぐに礼状を出して！

07 出張事務

- 宿泊先、交通機関の手配。
- 旅程表の作成や準備。
- 所持品の準備（資料や書類、名刺、チケット類、旅程表など）。
- 出張中の上司との連絡。
- 出張費の経理事務（仮払い、精算など）。
- 関係先との連絡や調整。
- 出張後は、出張報告書の清書、お世話になった人への礼状作成。

出張でかかるおおまかな費用を事前にもらうのが「仮払い」。出張後は、それらを精算するんだ。

08 文書事務

- 社内文書・社外文書の作成。
- 文書の受信・発信事務。
- 文書・資料の整理。

09 経理事務

- 経費の仮払いと精算。
- 上司が加入している団体の会費の支払い、催事への参加手続き。

10 環境整備

- 上司の執務室・応接室の掃除、整理。
- 照明、換気、温度の調節。
- 備品や事務用品整備と補充。

11 情報管理

- マスコミ対応。
- 資料の整理。
- 社内外からの情報収集と情報伝達。

Check! ○×問題　次のことが適当ならば○、不適当ならば×で答えてください。

次は、受信したメールに対して返信をした内容である。

① 会議のための都合のよい日時を知りたいというメールに、「上司は外出していて今日は帰社しないので、明日確認してから返事する」

② 上司の今夜の都合を教えてほしいという部長に、「仕事の予定はないが、夜の予定はわからないので、上司に直接メールで聞いてもらえないか」

解答と解説

①＝○　②＝×

秘書は上司の補佐をするのが仕事であるから、就業時間外のことでも、自分が上司に聞いて返事をしなければなりません。

練習問題

1 秘書Aは来客を取り次ぐときに、上司（部長）から、その来客の年や特徴、印象を聞かれたりすることがある。次はそのとき、Aが言っていること。中から不適当と思われるものを一つ選びなさい。

1) 謙虚な態度や話し方をする人の場合は、「腰の低い方」と言っている。
2) 細身で背が低い人の場合は、「小柄な方」と言っている。
3) 背が高い人の場合は、「上背のある方」と言っている。
4) 上司と同じぐらいの年齢かもしれない人の場合は、「部長と同じぐらいのご年齢の方」と言っている。
5) どっしりとしていて社会的に自信のありそうな感じの人の場合は、「頭の高い方」と言っている。

2 次は、秘書Aが日ごろ行っていることである。中から不適当と思われるものを一つ選びなさい。

1) スケジュール上に予定がないのに上司が外出したときは、外出先を確かめるようにしている。
2) 上司の不在中に上司宛に電話があったときは、相手によっては帰社予定の時間を伝え、かけ直してくれるように頼んでいる。
3) 急なスケジュール変更は上司に代理で済むかどうかを確認し、済むのなら代理者に事情を話して頼んでいる。
4) 上司が不在のときの来客には、できる用件は処理するが、できないものはあとでこちらから連絡すると言っている。
5) 上司への面会予定は相手の希望する日時を2、3尋ねておき、いつにするかは、あとで知らせると言っている。

[**解答と解説**]

1 の解答 5）

「頭が高い人」とは、本来頭を下げるところを下げない、いばった感じの人のこと。したがって、どっしりとしていて社会的に自信のありそうな人のことをいう言い方ではないので不適当。この場合、「かっぷくがよい方」などと言うのがよいでしょう。

2 の解答 1）

上司のスケジュールの把握は秘書の仕事。また上司もそれを承知しているはず。その上でスケジュールにない外出をしたのです。私的な用事などということもあります。スケジュールにない外出先まで確かめるのは、秘書の仕事の範囲を超えています。

秘書の非定型業務

Point ★★★
● 予期せぬ事態には、必ず上司の指示を仰ぎます。
● 非定型業務は冷静に対処するようにしましょう。

アポなし来客への対応

×

鈴木部長は
いらっしゃいますか

えっと、約束しないで
突然来られても…。
あーっ、どうしよう。
どうすればいいの?

あせっちゃダメ!
落ち着いて名前を確認して
上司に報告し、上司の指示に
従って対処しよう。

上司の指示を仰ぐ

△△社の小林さんが
お見えですが、
いかがいたしましょうか。

○

突然の来客への対応

いらっしゃいませ。
恐れ入りますが、
会社名とお名前を
お教えいただけません
でしょうか。

非定型業務とは ★★★

よく出る

　非定型業務とは、秘書として突然の来客、事故や災害など、予期せぬ事態に適切に対処すること。これらは、自分勝手に判断したり、対応したりせず、必ず上司の指示や判断を仰いでから行います。

非定型業務 ➡ ✕ 秘書の判断で進める
　　　　　　　　○ 上司の指示や判断を仰ぐ

主な非定型業務

01 予定外の来客対応

- 上司に、面会するかどうか判断を仰ぐ。
- 上司が不在の場合は、代理でよいか、改めて連絡するかなど、来客の意向を聞く。
- 来客の面会の緊急度を確認する。
- 予約していない客に対しても、感じのよい丁寧な対応を心掛ける。

約束はしていないのですが……。

会社名とお名前をお願いします。

アポなしの来客でも、上司が会うこともあるので、まずは会社名と名前を確認して、上司に伝えよう。

こんなときは? 「寄付をしてほしい」という人が来社し、上司に判断を仰いだところ「断ってほしい」と言われたとき

✕ 「私どもでは、お力になれないと思いますが、ご意向については上司に伝えておきます」

◯ 「その寄付については、お断りするように申しつかっております。大変申し訳ございませんが、お引き取りいただけませんでしょうか」

断る場合は、相手に期待をさせる言い方をせず、きっぱりと断ることが大切だよ。

02 上司の急な出張

- スケジュール調整をし、面会予定の人に連絡をする。
- すぐ出張事務（P54参照）を行う。
- 上司の留守中は、緊急度・重要度に応じて適切な処理をする。

申し訳ありません。2日は予定が入ってしまったので、別の日に……。

03 上司の急病

- 業務中の場合、上司の主治医、家族に連絡をする。
- 家族から連絡があった場合、上司の代理人（上役や部下など）、秘書課長に連絡をする。
- 上司の上役、代理人と相談して、当面の予定をキャンセルするなど、スケジュール調整をする。

場合によっては、応急手当や救急車の手配が必要。慌てないで対応しよう。

04 上司の交通事故

- 会社の担当部署、家族に連絡をする。
- 軽い事故の場合、運転手に一任する。
- 大きな事故の場合、会社の顧問弁護士に連絡をする。
- 上司の代理人（上役や部下など）に相談し、上司の日程調整をする。

上司の上役

事故の大きさに応じて、適切に処理を。慌てず、冷静に対応しよう。

05 災害

- 来客を安全な場所へ誘導する。
- 人命第一を心掛けて行動する。
- 上司の指示に従い、貴重品を持ち出す。

上司が不在のときは、代理人（上役や部下など）の指示に従って、貴重品の持ち出しを行う。非常時の対応マニュアルがあれば、前もってよく読んでおくことが大切だよ。

06 盗難

- 上司、総務部へ連絡をして指示に従う。
- 被害状況を確認する。
- 指示があれば、警察に連絡をする。

緊急マニュアルがあれば
それに従って、適切な対処をしよう。

07 不法侵入者

- 強引なセールスに対しては、適切に対処する。
- 寄付の強要や嫌がらせに対して適切に対処する。
- 脅迫や暴力行為があった場合、上司や代理人（上役や部下など）に報告し、指示を受ける。
- 状況によっては、警察や会社の警備室に連絡をする。

鈴木部長の車が交通渋滞に巻き込まれており、15時からの部長会議に10分ほど遅れそうです。

08 その他、予定外の仕事

- 上司が指示する予定外の仕事にも進んで対応。
- マスコミからの取材の依頼の対応。
- 交通事情で上司の到着が遅れた際の対応。
- 人事異動での事務の引き継ぎ、新しい上司の必要な情報収集。
- 新人秘書への指導。

上司の上役

Check! ○×問題　次のことが適当ならば○、不適当ならば×で答えてください。

出社すると上司（部長）の家族から電話があり、上司が昨夜入院したという連絡を受けた。

① 面会予定のある取引先に入院したことを知らせ、予定の変更については改めて連絡すると伝えた。

② 上司のスケジュールで、差し支えのあるものについて、課長に確認をして調整をした。

解答と解説

①＝×　②＝○

会社の上層部の入院は、当面社外に知られないようにするのが一般的。関係や事情により多少違うが、面会予定変更の際に上司の入院を知らせるのは誤り。

1 秘書Aの上司（部長）の来週4日間の出張が中止になった。次は、その日Aが行ったこと。中から不適当と思われるものを選びなさい。

1) 上司に、欠席することになっていた部長会には、出席すると連絡してよいか確認した。

2) 上司が出席したいと言っていた業界の会合に、とりあえず出席の連絡をしておいた。

3) 上司に、出張中にAは休暇を1日取ることになっていたが、それは取り消すと言った。

4) 上司に、ホテルや乗車券などのキャンセルをしたいが、いつまでにすればよいか尋ねた。

5) 来週打ち合わせをしたいと言っていた他部署の部長に、出張は中止になったと連絡し、日時を尋ねた。

2 秘書Aの上司（営業部長）が代わった。次はAが新上司の身の回りの世話をするにあたって確認したこと。中から不適当と思われるものを一つ選びなさい。

1) 室温について、前の上司のときは希望で小まめに調整していたことを話し、これからはどうするかと尋ねた。

2) 使いそうな文房具などを一通り揃えて見せ、他に必要な物があれば教えてもらいたいと言った。

3) 前の秘書から新上司の湯飲み茶わんを引き継いでいたが、お茶を出すとき、この湯飲み茶わんでよいのかと確認した。

4) 前の秘書から聞いた飲食物の好みや健康上の注意点などを話し、特に気を付けることはないかと尋ねた。

5) 前の部署から運ばれてきた私物らしい物について、指示してもらえれば収納の手伝いをするがどうかと言った。

[**解答と解説**]

1 **の解答 4)**

出張は中止になったので、ホテルや乗車券は早くキャンセルすべきです。いつまでにキャンセルすればよいかを、いちいち上司に確認する必要はありません。

2 **の解答 3)**

前の秘書から上司の湯飲み茶わんを引き継いだのですから、上司へのお茶はその湯飲み茶わんで出せばよいこと。それをこの湯飲み茶わんでよいのかと確認するのは、聞くまでもないことなので不適当。

試験での出題は

35問中 **3問**（5択問題）

企業経営

Point
★★★
● 株主は資本を提供し、会社経営は経営者に委託します。
● 会社は営業部、経理部など部門別に組織されています。

現在は、資本を出す株主が株主総会で選んだ経営者に
経営を任せる「資本と経営の分離」が一般化しているよ。

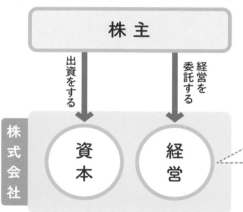

株主

出資をする　　経営を委託する

株式会社

資本　　経営

★ 会社の利益の一部は、株主に分配される

株主総会で会社を経営する
役員として取締役を選任
⬇
取締役会
（会社の業務執行について
意思決定する機関）
⬇
代表取締役を選任
（人数に制限がないので、大企業
などでは数人いることもある）
⬇
代表取締役が経営者として
会社を仕切る
⬇
会長、社長、副社長、専務、
常務などの役職に就任

代表取締役とは、代表権のある取締役のこと。
一般的には、社長が代表取締役だけど、
大会社だと代表権を持つ会長や副社長などがいる。
だから、代表取締役＝社長とは限らないんだ。

これまでの日本の経営の特徴

● **年功序列**：賃金などを年齢、学歴、勤続年数などで決める。
● **終身雇用**：定められた年齢まで雇用する。
● **生活共同体的意識**：社宅などの福利厚生施設を提供し、共同意識を持たせる。
● **稟議（りんぎ）制度**：下の者が提案し、上層部が決裁をする。

グローバル化が進む現代では、従来の日本的経営から大きく変化。
実力主義、成果主義の欧米的経営の考え方が浸透してきているよ。

会社の組織 ★★★

企業は、事業の目的達成のために効率的な組織づくりを行っています。会社規模が大きくなると、大別して3つの管理層に分けて管理します。

会長	
社長	トップマネジメント（経営者層）
専務	
常務	
（本）部長	ミドルマネジメント（中間管理者層）
次長	
課長	
係長	ロアマネジメント（現場管理者層）
主任	
一般社員	

重役というのは、一般的には取締役のこと。経営者層になるよ。

支店長や工場長は、現場管理者を指導しながら業務を遂行する立場だから、ミドルマネジメントのクラスになるんだよ。

臨時に編成されるチーム ★★★

企業では、新製品などを開発したり、問題解決をする際、専門のチームがつくられることがあります。各部署から専門家を集めて臨時に編成されるもので、「プロジェクトチーム」または「タスクフォース」と呼ばれます。目的が達成されれば解散され、それぞれ元の部署に戻ります。

両方とも同じ意味だけど、次のように区別することも。

プロジェクトチーム	計画に従事するため一時的、短期的に編成される。長期間にわたって大きなテーマを扱う。
タスクフォース	問題解決のために臨時に編成される。緊急性が高い課題を扱う。

63

◆ 会社・経営管理に関する用語

上場会社	証券取引所で株式が売買されている会社。
法人	法律上の権利、義務がある会社や団体のこと。
合弁会社	複数の企業が共同で出資し、設立した会社。
株主総会	株式会社の最高意思決定機関。株主が、経営方針、取締役、監査役の選任や解任、定款の変更などを議決する。
専務	専務取締役。社長や副社長を補佐して、その会社の業務を専一に行う役員。
常務	常務取締役。取締役のうち、特に日常の経営業務を行う役員。
監査役	株式会社などの業務や会計を監督・検査する人。株主総会で選出される。
相談役	経営上の相談にのり、助言をする人。
顧問	相談を受けて実務的な意見を述べる人。外部の人が就くこともある。
嘱託 (しょくたく)	正社員ではないが、頼まれて会社の仕事をする人。
定款 (ていかん)	株式会社などで、組織、業務に関する基本的な規則を記した文書。会社法で作成が義務づけられている。
社是 (しゃぜ)	会社の経営上の基本的な方針や主張、またはそれを表す言葉。
社訓 (しゃくん)	会社の経営理念、社員の指針として定めた心構え。
商号	会社の名前のこと。
登記	身分や不動産の権利を登記所の帳簿に記載すること。
PDCAサイクル (マネジメントサイクル)	経営管理の基本手法。Plan (計画) → Do (実施) → Check (評価) → Action(改善する) という手順を踏み、その結果を次の計画に反映させ、仕事の効率を高めていくこと。

Check! ○✕問題　次のことが適当ならば○、不適当ならば✕で答えてください。

次は、取締役についての説明である。

① 取締役は、株主総会で選任される。　② 取締役は、労働組合の承認を受けて選出される。

解答と解説

①=○　　②=✕

取締役の選出に労働組合が関与することはありません。なお、「選任」は人材を選んで任務に就かせること、「選出」は複数から目的に合うものを選ぶという意味。

1 次は、用語とその意味の組み合わせである。中から<u>不適当</u>と思われるものを一つ選びなさい。

1) 定款　　＝　会社などの組織や業務についての基本的な規則のこと。
2) 決算　　＝　一定期間内の収入、支出を計算し、確定させること。
3) 年度　　＝　事務上の都合で決めた1年の期間のこと。
4) 株主総会＝　会社の代表者から業績の話を聞く年1回の会議のこと。
5) 上場会社＝　証券取引所で株式が売買取引されている会社のこと。

2 次は、会社における職名とその説明の組み合わせである。中から<u>不適当</u>と思われるものを一つ選びなさい。

1) 代表取締役＝　取締役の一員で、会社を代表する権限を持つ人。
2) 監査役　　＝　取締役の仕事を監視し、検査をする人。
3) 管理職　　＝　部下に仕事を命令し、その仕事を監督する人。
4) 顧問　　　＝　相談を受けて、意見を述べる役目の人。
5) 嘱託　　　＝　正社員ではないが、頼まれて会社の仕事をする人。

3 次は、関係ある用語の組み合わせである。中から<u>不適当</u>と思われるものを一つ選びなさい。

1) 社章　－　社債
2) 着任　－　赴任
3) 懲戒　－　訓告
4) 重役　－　常務
5) 査定　－　考課

[**解答と解説**]

1 の解答 4)
株主総会とは、株主が集まってその会社全体の運営について審議し決定する会議のことです。

2 の解答 2)
監査役とは、会社などの会計や業務が適正に行われているかを監督し、検査する人のことです。

3 の解答 1)
「社章」とは、その会社のマークやバッチのこと。「社債」とは、株式会社が資金を調達するために発行する債券のことで、社章と社債は関係ありません。

人事・労務の知識

Point
★★★
● 人事管理は人的資源（従業員）を最大限に活用することです。
● 労務管理は雇用条件の策定、人材の配置などを行うことです。

企業の業績や目的達成のために不可欠なのは「人」。
人的資源を最大限に活用するために必要なのが、
人事・労務管理なんだよ。

人事・労務管理で行っていること

● 従業員の募集・採用
● 雇用条件
　（賃金、労働時間、休日など）の策定
● 採用者の配置
● 人事異動
● 社員教育　　など

6月から
東京の営業部に
異動です。

TOKYO

人事・労務管理を担当する部署例 ➡ 総務部、人事部、労務部など

よく出る

適材適所に人を配置

★★★

　従業員一人ひとりの能力や技術を育成、またその能力を把握し、適材適所に人を配置していくことが、組織の活性化、企業の業績を伸ばすことにつながります。そうした人事情報の管理には、以下のものがあります。

人事考課	従業員の仕事ぶりや能力、目標達成度などを評価し、給与や人事などを決めること。
自己申告制度	従業員から職務に対する満足感、自己啓発の状況、職務に対する希望などを提出させる制度。

人事異動

よく出る ★★★

人事異動は、人事管理の一つで、次のような種類があります。

昇進	係長から課長、課長から部長へと、役職の序列が上がっていく異動。
昇格	従業員の能力評価の資格や等級が上がっていくこと。
降格	役職などが下がること。
栄転	今よりも高い地位になって転任すること。
左遷 (させん)	低い地位や目立たない部署への異動。懲罰的な意味合いで行われる。
出向	子会社や関連会社への一時的な異動。籍は元の会社のまま。
移籍	子会社や関連会社への異動で、籍も移行する。
配置転換	役職などが変化しないまま、人事部から総務部など、別の部署へと配置が変わること。各分野の経験を積ませる目的で行われる。

栄転・左遷は公式の人事用語ではないけど、よく使われるよね。

◆人事・労務管理に関する用語

就業規則	労働基準法に基づくもの。会社における従業員の守るべき規律（始業時間、休日、服務規定など）を定めたもの。
職務評価	会社における各職務の重要度や責任の度合いに応じて評価し、職務給を定め、序列化すること。
福利厚生	社宅、保養所、健康保険など、従業員の福祉向上のために使う賃金以外の間接的な諸給付のこと。
OJT	On The Job Training の略。具体的な仕事を通しての職場内訓練。
OFF-JT	Off The Job Training の略。研修所などで行う職場外訓練。
フレックス・タイム	日、週、月に一定時間勤務すれば、一定の時間帯内で出勤・退勤を自由に選べること。
コア・タイム	フレックス・タイム制導入の企業における全社員共通の勤務時間帯。
モラール・サーベイ	面接やアンケートなどで従業員のモラール（士気や勤務意欲）を測定すること。

◆人事・労務管理に関する用語

ジョブ ローテーション	計画的に各分野の仕事を経験させ、能力開発する人材育成法のこと。
モチベーション	行動を起こすときの動機、意欲を引き出す動機づけ。仕事への意欲のこと。
賞与	ボーナス。定期的に支払われる給与とは別に、企業の業績状態によって支給されるもの。
ベースアップ	基本給の水準を引き上げることで、ベアともいう。
依願退職	従業員の一身上の都合による退職のこと。
懲戒解雇	企業の規律に違反、または企業の利益を損なう行為をしたことを理由に、会社が社員を解雇すること。
リストラ	リストラクチャリングの略語。利益の少ない部門を廃止するなど、企業経営を再構築すること。
レイオフ	不況時などに行われる一時的解雇。
フリーター	定職に就かないで、アルバイトで生計を立てている人。
ルーチンワーク	日常的に行う決まりきった仕事のこと。

関連用語はよく出題されるので、覚えておこう！

Check! ○×問題 次のことが適当ならば○、不適当ならば×で答えてください。

次は、用語と説明の組み合わせである。

① 人事考課＝従業員を定期的に配置換えし、各種分野の職務を経験させること。

② 年功序列＝従業員の年齢や勤続年数による、職場での立場の順序のこと。

①＝✕　②＝○

①は、ジョブローテーションの説明。人事考課とは、従業員の業務遂行度や能力などを分析・評価し、一定の基準で査定すること。

練 習 問 題

1 次は、関係ある用語の組み合わせである。中から<u>不適当</u>と思われるものを一つ選びなさい。

1) 休暇 ― 繰り返し
2) 賞与 ― 福利厚生
3) 人事 ― 自己啓発
4) 給料 ― 懲戒処分
5) 定款 ― 株式会社

2 次は、用語とその意味の組み合わせである。中から<u>不適当</u>と思われるものを一つ選びなさい。

1) 栄転 ＝ 業務拡大のため、会社などが移転すること。
2) 異動 ＝ 勤務地や所属、地位などが、いままでと変わること。
3) 内示 ＝ 公表する前に、関係者だけに内々に知らせること。
4) 出向 ＝ いまの籍を変えずに、ほかの会社などに勤務すること。
5) 社風 ＝ その会社の社員に共通する、考え方ややり方のこと。

3 次は、用語とその意味の組み合わせである。中から<u>不適当</u>と思われるものを一つ選びなさい。

1) リーダーシップ ＝ 指導者としての能力や資質のこと。
2) ジョブローテーション ＝ 従業員の適正配置のこと。
3) ルーチンワーク ＝ 日常の決まりきった仕事のこと。
4) モラール ＝ 従業員の労働意欲のこと。
5) フレックス・タイム ＝ 出退勤時間を自分で選び、所定の時間数を勤務する制度のこと。

[**解答と解説**]

1 の解答 2)

「賞与」とは、業績などに応じ、給与とは別に従業員などに支払われる金銭のこと。「福利厚生」とは、会社が従業員の生活の充実や健康増進のための支援をすること。賞与とは関係ないので、組み合わせとして不適当です。

2 の解答 1)

栄転とは、今までよりもよい地位になって他の職務に変わることです。

3 の解答 2)

「ジョブローテーション」とは、従業員に計画的に各種の職務を経験させて、能力開発をする管理方式です。

会計・財務の知識

Point
★★★
- ●企業会計には、管理会計と財務会計があります。
- ●企業の決算時に作成されるのが、財務諸表です。

企業の財務を表すのが、貸借対照表と損益計算書。企業は出資者（株主など）に公表するために計算書を作成する必要があるんだ。

2つは「決算報告書」に必要なものです。

企業会計 よく出る ★★★

　企業活動でのお金の出入りを記録、計算して、損益や財政状態を明らかにするためのもので、2種類あります。

管理会計	経営管理に役立てるための内部資料として作成。経営者の意思決定の資料として利用される。
財務会計	株主、従業員、取引先など、外部の利害関係者に企業の財務内容や経営状態を報告するためのもの。

知っておこう！

純利益	会社が得た利益。
決算公告	株式会社が前年度の決算の内容を一般の人に知らせること。
繰延資産	次の決算期に費用として計上するもので、貸借対照表上の資産となる。
損益分岐点	利益の発生と、損失の発生の分かれ目となる売上高。

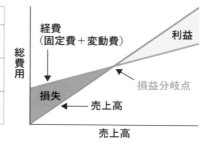

経費（固定費＋変動費）

利益

総費用

損益分岐点

損失

売上高

売上高

財務諸表

企業は、株主などの利害関係者に企業の財政および経営状態を報告するため、一定期間ごとに決算をしなくてはいけません。その際に作成されるのが財務諸表で、次の4つが代表的なものです。

> 一定期間というのは、企業によって違うけど、たとえば4月1日から翌年3月31日までの1年間。その間の業績を報告するんだ。

貸借対照表	・一定期間の財務状態を表すもので、決算日における資産、負債、純資産（資本）の内容を一覧にしたもの。 ・資産＝負債＋純資産（資本）という関係が成り立つことから、バランスシート（B／S）と呼ばれている。
損益計算書	一定期間の経営状態を表したもの。その間の企業の営業活動による損失と利益を計算して、営業成績を明らかにする計算書類。P／Lと略される。
キャッシュフロー計算書	一定期間の資金の流れを表したもので、営業活動、投資活動、財務活動ごとに区分し、表示する。
株主資本等変動計算書	純資産の変動を表したもの。貸借対照表、損益計算書のみだと、資本金などの数値を連続して把握するのが難しいことがあるため、会社法でこの計算書の作成が義務付けられている。

◆会計・財務に関する用語

一般管理費	人件費、通信費、交通費、賃貸料、光熱費、保険料など、企業全体を管理、活動をするために必要な費用。
固定資産	一年以上企業に留まっている資産。土地、建物、機械、車両など。 ●有形固定資産→土地、建物、機械など。 ●無形固定資産→著作権、特許権、営業権、借地権など。
固定負債	長期の借入金、社債など、企業が借りたことになっているもの。
流動資産	一定時点で企業が持っている流動性の高い資産。一年以内に現金化できる現金預金、売掛金、有価証券などの資産。
流動負債	一定時点で借り入れたことになっている買掛金、支払手形、未払い金、短期借入金など。

◆ 会計・財務に関する用語

含み資産	資産の時価評価（市場の評価価値）から、帳簿上の資産価格を差し引いた差額のこと。
粗利益	売上高から原価を差し引いた儲け分の金額。売上総利益、粗利ともいう。
原価	一般小売業を例にすると、販売商品の仕入れにかかった費用のこと。
決算	一定期間内の収入と支出を計算し、確定させること。
連結決算	グループ企業が、親会社を含めて一つにまとめて行う決算のこと。
粉飾（ふんしょく）決算	架空の利益を計上して健全経営に見せかけた、ごまかしの決算。
棚卸し	決算または整理のために、製品や商品などの在庫量を帳簿と照らし合わせ、数量を金額に換算すること。
減価償却	建物や機械などの資産が使用されることにより、価値が減少した分を企業の費用とみなし、経理上の処理をすること。
売掛金	製品などを売った後、まだ受け取っていない代金のこと。
買掛金	製品などを買った後、まだ支払っていない代金のこと。
融資	銀行などの金融機関が、企業や個人などに対して資金を貸し出すこと。
負債	企業が抱えている借金。借入金などのこと。
使途不明金	使い道がはっきりしない経費。全額課税の対象になる。
資金繰り	事業に必要な資金が不足しないよう、貸付金の取り立てをしたり、銀行から借り入れをしたりするなど、資金をやり繰りすること。
社債	株式会社が長期資金を調達するために発行する債券。社債を公募形式で発行することにより出資者から資金を集める。

Check! ◯✕問題　次のことが適当ならば◯、不適当ならば✕で答えてください。

「企業の財務状態を明らかにするため、一定期日における資産、負債、純資産（資本など）の内容を一覧表にしたもの」とは、どの用語の説明であるか。

① 貸借対照表　　② 損益計算書

解答と解説

①＝◯　②＝✕

損益計算書とは、企業のある一定期間の収益から費用を差し引いて経営成績を示したもので、その期間にどれくらい利益を得たのか（損失を出したのか）がわかるものです。

練習問題

1　次は、用語とその説明の組み合わせ。中から<u>不適当</u>と思われるものを一つ選びなさい。

1) 融資　＝　金融機関に多額の出資をすること。
2) 粗利益　＝　売上高から原価を差し引いた儲け分の金額。
3) 決算　＝　一定期間内の収入と支出を計算し、確定させること。
4) 買掛金　＝　製品などを買った後、まだ支払っていない代金のこと。
5) 負債　＝　企業が抱えている借金。

2　次の「　　」内の説明は、下のどの用語の説明か。中から**適当**と思われるものを一つ選びなさい。

「親会社と、子会社、関連会社、を一つにまとめて行う決算」

1) 粉飾決算
2) 中間決算
3) 連結決算
4) 総決算
5) 月次決算

3　次の「　　」内の説明は、下のどの項目の説明か。中から**適当**と思われるものを一つ選びなさい。

「企業の一定期間の財政状態や経営成績を、利害関係者に明らかにする目的で作る書類の総称」

1) 収支計算書
2) 財務諸表
3) 損益計算書
4) 営業報告書
5) 財産目録

[解答と解説]

1 の解答 1)

融資とは、資金を求めている人に対して、銀行などが資金の貸し出しをすること。

2 の解答 3)

4) の総決算（一定期間の全収入、全支出を決算すること）と間違えないようにすること。

3 の解答 2)

3) の損益計算書（一定期間における企業の経営成績〈売上、費用、利益など〉を示したもの）と間違えないようにすること。

手形・小切手の知識

- 現金での支払いに代わるものが、手形や小切手です。
- 手形は支払いを約束する証券、小切手は銀行で換金できる証券です。

企業は、代金の受け取りや支払いをする際、現金の代わりとして手形や小切手の有価証券を用いることが多くあるんだ。

有価証券	自由に売買・譲渡ができる財産的価値のある証券 （小切手、手形、債券、商品券、株券など）

支払いは小切手でお願いします。

はい。

銀行で現金化しよう。

刻印された金額同様の価値があるので、取り扱いには十分に注意を！

振出人　　受取人

約束手形

　約束手形は、振出人が一定の金額を、一定の期日に受取人に支払うことを約束した証券です。

約束手形の流れ

500万円分の商品

振出人
（手形作成者）

受取人
（名宛人）

約束手形（額面500万円）

約束手形を銀行に持っていき、現金化する。

手形の例

発行の日付

振出人の
署名と押印

この日までに、
支払うことを
約束します！

手形は、記載された支払い期日に表示された金額を、
受取人（会社）に支払うことを約束した証券だよ。

小切手

よく出る ★★★

銀行に当座預金を持つ振出人が、受取人からの請求に応じた支払いを銀行に委託した証券です。受取人は、小切手を記載の銀行に持っていくか自分の取引銀行を通じて現金化します。

小切手を現金化する流れ

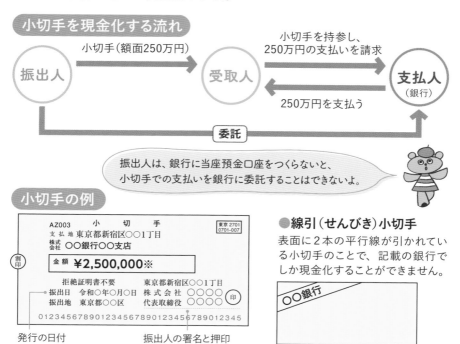

振出人 — 小切手（額面250万円）→ 受取人 — 小切手を持参し、250万円の支払いを請求 → 支払人（銀行）

支払人（銀行）→ 250万円を支払う → 受取人

委託

振出人は、銀行に当座預金口座をつくらないと、
小切手での支払いを銀行に委託することはできないよ。

小切手の例

発行の日付

振出人の署名と押印

●線引（せんびき）小切手

表面に2本の平行線が引かれている小切手のことで、記載の銀行でしか現金化することができません。

○○銀行

◆ 金融に関する用語

振出人	手形や小切手を発行した人や会社（為替手形の場合、支払人は第三者になり、振出人（発行者）が支払人とは限らない）。
手形受取人	手形に記載された人や会社。振出人から手形を受け取る。
債券	国や地方自治体、会社が資金調達をするときに発行する有価証券。
当座預金	銀行との契約で、預け入れと引き出しが無利息でできる預金。預金を引き出すときは、銀行から交付された小切手を使う。
先付（さきづけ）小切手	実際の振出日より先の日付にした小切手のこと。通常、相手に小切手を渡す日付（振出日）を記入するが、先の日付でも有効。
手形裏書	第三者に手形の権利を譲渡するために、所持者が手形の裏面に署名、押印すること。
不渡り	振出人の資金不足などで、支払い期日になっても支払いが受けられない手形や小切手。
手形割引	支払い期日前の手形を、銀行などの金融機関で支払い期日までの利息を差し引いて現金化すること。

小切手や手形に関する用語は、よく理解しておこう！

Check! ◯✕問題　次のことが適当ならば◯、不適当ならば✕で答えてください。

次は、関係のある用語の組み合わせである。

① 約束手形＝支払期日　　② 小切手＝普通預金

解答と解説

①＝◯　②＝✕

②の関係がある用語は「当座預金」。小切手は、銀行に当座預金口座を持つ振出人が受取人への支払いを銀行に委託（振出人に代わって支払いの対応をする）した証券のこと。

練 習 問 題

1 次は、用語とその意味の組み合わせである。中から<u>不適当</u>と思われるものを一つ選びなさい。

1) 約束手形 ＝ 振出人が一定期日に記載金額を支払うことを約束した証券。

2) 国債 ＝ 国が不足する財政資金を賄うために発行する債券。

3) 社債 ＝ 株式会社が短期の資金を調達するために発行する債券。

4) 地方債 ＝ 地方公共団体が不足する財政資金を賄うために発行する債券。

5) 小切手 ＝ 一定金額を持参人に支払うことを銀行に委託する証券。

2 次の中から、有価証券に該当しないと思われるものを一つ選びなさい。

1) 小切手　　2) 商品券　　3) 領収書　　4) ギフト券　　5) 株券

3 「約束手形」とはどういうものか。中から**適当**と思われるものを一つ選びなさい。

1) 取引している銀行が、記載されている金額の支払いを約束する証書。

2) 記載されている金額を、特定の第三者が支払い保証をする証書。

3) 記載されている金額の支払いを、振出人が銀行に委託した証書。

4) 金銭借入人が、返済期限を特定して差し入れる金銭借用証書。

5) 振出人が記載の金額を、名宛人に一定期日に支払うことを約束する証書。

[解答と解説]

1 の解答 3)

社債とは、株式会社の資金調達法の一つだが、短期ではなく長期の資金調達法のこと。

2 の解答 3)

領収書には、直接的な金銭的価値はないので該当しません。

※有価証券とは、手形、小切手、商品券、株券など一定の財産上の権利を有しているもの（価値の有る紙（証券））。

3 の解答 5)

3) は最も間違えやすい解答ですが、小切手の説明です。

2) 為替手形は、代金支払人、振出人、受取人の三者が存在する取引で、約束手形は、代金支払人（＝振出人）と受取人の二者間の取引です。

約束手形、為替手形、小切手が区別できるようにしておきましょう。

税務の知識

Point ★★★
● 企業の所得には、法人税がかかります。
● 個人が払う税金には、所得税、消費税、住民税などがあります。

税金の種類

 よく出る ★★★

　税金には、国に納める「国税」と、地方自治体に納める「地方税」があります。そして、税を負担している人が直接払う税金を「直接税」、税を負担する人と実際に税を納める人が異なる税金を「間接税」といいます。国の一般歳入の柱となっているのは、個人の所得に課せられる「所得税」と、企業の所得に課せられる「法人税」です。

企業は、業績を上げることで多くの法人税を納め、社会に貢献しているんだよ。

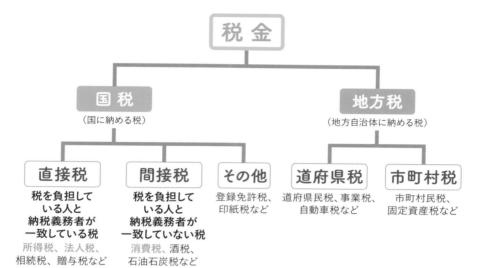

税金

国税（国に納める税）

直接税
税を負担している人と納税義務者が一致している税

所得税、法人税、相続税、贈与税など

間接税
税を負担している人と納税義務者が一致していない税

消費税、酒税、石油石炭税など

その他
登録免許税、印紙税など

地方税（地方自治体に納める税）

道府県税
道府県民税、事業税、自動車税など

市町村税
市町村民税、固定資産税など

企業 が支払う主な税金

国税		
	法人税	企業の所得に課せられる直接税。
	消費税	物やサービスなどの消費に課せられる間接税。
	印紙税	証書作成などに課せられる税。

地方税		
	事業税	事業を行う法人（または個人）に課せられる税。
	固定資産税	土地や建物に課せられる税。
	住民税	法人、個人に課せられる税。

個人 が支払う主な税金

国税		
	所得税	個人の所得に課せられる直接税。
	消費税	物やサービスなどの消費に課せられる間接税。

地方税		
	住民税	法人、個人に課せられる税。
	固定資産税	土地や建物に課せられる税。
	自動車税	自動車の所有者に課せられる税。

> この他にも、お酒には酒税、温泉に入浴するときは入湯税、自治体によってホテルや旅館に宿泊するときはホテル税など、さまざまな税があるね。

◆ 税務に関する用語

印紙税	証書、契約書などの作成時に課せられる国税。収入印紙を書類に貼り、消印（証書と印紙にまたがって押す印）することで納税したことになる。
確定申告	一定期間の所得額と控除額を税務署に申告し、税金を納めること。 法人の場合：決算日から2カ月以内に申告。 個人の場合：1月〜12月分を翌3月に申告
可処分所得	所得から税金や社会保険などを引いた残りで、個人が自由に処分できる所得のこと。
基礎控除	税金の計算をする際、所得から差し引ける一定の金額（控除金額）のこと。
源泉徴収	税務署の代わりに、企業が従業員などの税金を徴収（天引き）して、税務署に納付すること。
年末調整	給与から源泉徴収された税金と、本来徴収されるべき税額との過不足分を年末（12月）に調整すること。
累進課税	所得が高くなるにつれ、その分、税率が高くなる課税方式のこと。
所得控除	課税所得から引かれる基礎控除、扶養控除、医療費控除などのこと。
関税	外国から輸入する貨物にかけられる国税。
贈与税	贈与に課せられる国税。

税がつく名称に「印税」があるけど、これは出版社やレコード会社などが著者（著作権を持つ人や会社）に支払う著作権使用料。税金の一種ではないよ。

Check! ○×問題　次のことが適当ならば○、不適当ならば×で答えてください。

次の中から、直接税ではないものはどれか。

① 消費税　　② 所得税

解答と解説

①＝○　　②＝✕

直接税は税を負担する人と納税者が一致している税金で、間接税は税を負担する人と納税者が一致しない税金。消費税の納税義務者はメーカーや小売業者のため、間接税となります。

練習問題

1 次の用語の説明の中から、不適当と思われるものを一つ選びなさい。

1）「間接税」とは、税を負担する人と納付する人が違う税金のこと。消費税など。
2）「印税」とは、書籍などの著作権収入に掛かる所得税のこと。
3）「固定資産税」とは、土地や建物などに掛かる税金のこと。
4）「累進課税」とは、所得が多くなるほど税率が高くなる課税方式のこと。
5）「確定申告」とは、一定期間の所得と総額の税額を税務署に申告すること。

2 次は、それぞれ関係ある用語の組み合わせ。中から不適当と思われるものを一つ選びなさい。

1）消費税 ― 購買
2）印紙税 ― 領収書
3）固定資産税 ― 宅地
4）贈与税 ― 輸入物資
5）所得税 ― 年末調整

3 次は、収入印紙について述べたものである。中から不適当と思われるものを一つ選びなさい。

1）印紙税の課税対象となる文書に貼るもの。
2）印紙税の納付方法の一つとして、印紙に消印をして行う。
3）契約書・領収書等に、実効の証（あかし）として貼るもの。
4）収入印紙には、金額による種類がある。
5）国庫収入となる手数料・税金を、納付するときに使うもの。

[**解答と解説**]

1 の解答 2）

印税とは、書籍などの発行部数や定価に応じて、発行者が著者に支払う著作権使用料のことです。

2 の解答 4）

「贈与税」は、個人から個人に贈与された財産に課される税のことで、「輸入物資」とは関係ありません。

3 の解答 3）

契約書や領収書に貼った収入印紙は、印紙税納付の証拠であり、その書類の効力とは何の関係もありません。

法律と印鑑の知識

Point ★★★
● 企業の活動には、さまざまな法律が関わっています。
● 印鑑は、書類により使う種類や押し方が異なります。

署名捺印？

部長の署名捺印を
お願いします。

直筆で氏名を書いて印鑑を
押すのが、署名捺印。直筆でなく、
パソコンやゴム印で名前を記すのは
「記名」というんだ。署名と言われた場合は、
必ず直筆でないと無効になるよ。

印鑑の種類と押し方 ★★★

よく出る

印鑑の種類

実印	市区町村の役所に印鑑登録した印鑑。重要書類などに押す。
認め印	日常的に使う印鑑で、印鑑登録していないもの。
代表者印	「〇〇株式会社代表取締役之印」と彫られた会社の代表者の正式な印鑑。地方法務局の登記所に登録されたもので、会社に1つしかない。
銀行印	銀行に届け出ている印鑑で、小切手、手形、預金の引き出しなどに使う。

印の押し方

● **契印**（ちぎりいん）

契約書が2枚以上になる場合、文書が続いている1つの契約書であることを証明するため、綴じ目に押す印。

● **封印**（ふういん）

勝手に開けられないよう、封筒の封じ目に押す印。

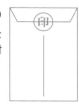

● **割印**（わりいん）

契約書の原本と写し、小切手とその控えなど、2枚の書類が対または続きであることを証明するため両方にかけて押す印。

● **消印**（けしいん）

収入印紙や切手などに使用済みのしるしとしてまたがって押す印。

収入印紙

● **捨印**（すていん）

契約書などの文書内容に訂正が出た場合を考えて、あらかじめ欄外に押しておく印。こうすると、後日、訂正があっても相手の印をわざわざもらいに行かなくてもよい。

● **訂正印**

追加や修正したことを証明する印。

契約書

1,280,000円
~~1,300,000円~~

企業活動に関わる法律と用語 ★★★

よく出る

　会社の設立・運営、契約・取引、倒産などには、会社法、民法、商法、民事訴訟法、会社更生法、独占禁止法など多くの法律が関わっています。

◆ 会社に関わる法律用語

登記（とうき）	法律上の権利関係を明らかにするために、登記簿に必要事項を記載する手続き。商業登記簿には会社を、不動産登記簿には土地や建物の不動産を登録。権利の異動があった際、登記を行う。
商号	企業が営業上の活動において使用する名称（企業名、会社名）のこと。
商標	商品につける文字や図形、記号などのトレードマーク。商標権は、このマークを独占かつ排他的に使用、貸借したりする権利。
意匠（いしょう）	商品の色、形、模様などのデザインに関する考案。意匠権は、それを独占かつ排他的に使用、貸借したりする権利。
独占禁止法	大企業による独占状態を取り除き、自由公正な競争経済を推進するために制定された法律。目的を達成するために公正取引委員会が存在する。
元本	後に利益や収入を生じる元になる資産のこと。
寡占（かせん）	ある商品市場の大部分を少数の会社で占めてしまうこと。
債権（さいけん）	貸したお金の返済、代金の支払い、商品の引き渡しなどを求める権利。この権利を持つ人を債権者という。

債務 (さいむ)	借金を返さなければいけない義務のこと。この義務を果たす人を債務者という。
倒産	企業が経営困難になり、不渡り手形（P76 参照）を出すなど、支払いができなくなる状態。
破産	再建が見込めず、債務者としての支払いが不能になったとき、会社の消滅・精算を前提に、会社の財産を処分・換金して、支払い先や社員などに公平に配当する手続き。
会社更生法	経営が行き詰まった会社を破産させずに再建させることを目的とした法律。
民事再生法	企業が倒産する前に、裁判所に再建手続きを申し出て、事業の再建や継続を図ることを目的とした法律。
背任 (はいにん)	自分の役職や地位を利用して利益を図って、会社などに財産上の損害を与えること。
担保 (たんぽ)	貸付金などが返済されないときの保証として、あらかじめ借り手（債務者）から提供される弁済の手段になるもの。
抵当 (ていとう)	借金をする代わりに、債権者に差し出す権利や財産のこと。
抵当権	債権者が担保物件を債務者に使用させたまま、債務不履行になった場合、優先的に弁済を受けられる権利のこと。

社会的に会社が求められるもの

●**コーポレートガバナンス（企業統治）**
会社が社会のためにどうあるべきかを示す考え方。

●**ディスクロージャー（情報公開）**
株主や取引先などの利害関係者に、事業内容、成果、財務状況などを開示すること。

●**コンプライアンス（法令順守／法令遵守）**
企業が法律や規則を守って経営を行うこと。

> この3つの用語はよく覚えておこう！

Check! ○×問題　次のことが適当ならば○、不適当ならば×で答えてください。

「借金が返せないときのために備えて相手に預ける、金銭に代わるもの」とは、次のどの用語の説明であるか。

① 担保　　② 抵当

解答と解説

①＝○　②＝×

担保は、借金をする際に、あらかじめ相手に引き渡されるもののことですが、抵当は、物品自体も所有権も借りた側が所持できる制度のことです。

練習問題

1 次の用語の説明の中から、<u>不適当</u>と思われるものを一つ選びなさい。

1)「上場会社」とは、証券取引所で株式が売買取引されている会社のこと。
2)「株主」とは、株式会社が発行した株式を所有している人のこと。
3)「決算」とは、一定期間内の収入、支出を計算し、確定させること。
4)「定款」とは、会社が従業員との間で規律や労働条件などについて定めた規則のこと。
5)「登記」とは、不動産などの権利を確実にするために、登記所の登録簿に記載すること。

2 次は、印の名称とその説明の組み合わせである。中から<u>不適当</u>と思われるものを一つ選びなさい。

1) 契印 ＝ 数枚から成る同一文書の継ぎ目にまたがって押す印。
2) 封印 ＝ 封じ目に押す印。
3) 消印 ＝ 文書などを書き直したとき、その箇所に押す印。
4) 実印 ＝ 市役所などに印鑑登録しておき、重要書類などに押す印。
5) 認印 ＝ 印鑑登録していない印（略式印）。

3 次は、用語とその説明の組み合わせである。中から<u>不適当</u>と思われるものを一つ選びなさい。

1) 商標 ＝ 商品の独自性主張のために付ける記号などのこと。
2) 社是 ＝ 会社の経歴が記された、いわば会社の履歴書。
3) 社債 ＝ 株式会社が資金調達のために発行する債券。
4) 定款 ＝ 会社などの組織や業務に関する基本的な規則。
5) 登記 ＝ 権利を確実にするため登記簿に記載すること。

[**解答と解説**]

1 の解答 4)
定款とは、会社などの組織や業務についての基本的な規則のこと。

2 の解答 3)
消印とは、切手や収入印紙にまたがって押印すること。文書などを書き直したとき、その箇所に押すのは「訂正印」です。

3 の解答 2)
「社是」とは、その会社経営の根本方針（を示した言葉）のことです。

生産管理とマーケティング

Point ★★★
● 生産管理では低コスト・高品質が求められます。
● マーケティングとは、商品やサービスが消費者に渡るまでの活動です。

生産管理のポイント

製品
- 高い品質
- 短時間
- 低費用
- 適正な量

売れる製品を供給し、利益を上げるために、生産管理は重要だよ。

生産管理の方法

よく出る ★★★

　生産管理は、市場で必要なもの、要求されているものの製品化を計画し、きちんと出荷できるようにコントロールする活動のこと。ポイントとなるのは、低コストで高品質、しかもできるだけ時間をかけず、市場が求める適正な量を供給できるかという点です。生産管理の手法はさまざまですが、代表的なのは次のものです。

TQM	トータル クオリティ マネジメントの略。総合的品質経営。製造部門から始まったQC（品質管理）は、TQC（全社的品質管理）へと発展。現在は、製造部門、非製造部門に関係なく、全社的に取り組むTQMの企業が増えている。
ZD運動	ゼロ ディフェクツの略。無欠点運動のことで、従業員が注意・工夫したりすることで生産段階での欠陥をなくそうというもの。
CAD／CAM	CADはコンピューターを利用した設計・デザインのシステム。CAMはコンピューターを利用した製造のシステム。
カンバン方式	トヨタ自動車が開発したもので、必要なときに、必要な場所に、必要なものを供給することで、在庫をほとんどゼロにできる。

マーケティング

よく出る ★★★

　マーケティングとは、製品を作り、消費者まで届ける一連の活動のことで、主な流れは以下のとおりです。

1　消費者が求めているものを調査（市場調査）

2　消費者が求めるものをどう形にするか（製品計画）

3　どのように販売するか（販売計画）

4　価格はどのくらいにすべきか（価格政策）

5　購入してもらうためにどう活動するか（販売促進）

6　製品を広く認知してもらうためにどうするか（広告宣伝）

7　販売した後のサービスはどうするか（販売活動とアフターフォロー）

> マーケティングは、消費者ニーズを知ることから、販売に至るまでの市場活動を言うんだよ。

◆ マーケティングに関する用語

クライアント	依頼人、顧客、得意先、広告主。
コンシューマー	消費者。
消費者ニーズ	消費者が求めるもの。要求や欲求。
コンセプト	概念。企業の商品開発やサービス提供を行う基本的な考え方も指す。
CI	コーポレートアイデンティティの略。企業の独自性を、ロゴマークや企業カラーなど統一されたイメージやデザイン、メッセージなどを簡潔に提示して存在価値を高めていく企業戦略。
プレゼンテーション	商品やサービスなどの企画を提案、説明すること。
アンテナショップ	消費者の動向を探ったり、自社製品のPRを行うために設置する店。
インセンティブ	業績向上のための刺激。消費者販売店、社員などに与える報酬や賞。小売業の販売意欲を刺激して活性化させる施策。
市場調査	新製品の開発などのために消費者が必要としている市場を調査すること（マーケティングリサーチ）。

◆ マーケティングに関する用語

マーチャンダイジング	商品化計画。市場調査の結果を参考にして、消費者ニーズに合ったものを提供する計画。
マーケットシェア	市場占有率。
マーケットセグメンテーション	市場細分化。市場を消費者の年齢や性別、収入、職業などに細分化して商品開発や販売促進につなげること。
テレマーケティング	電話による市場調査、販売促進活動。
キャンペーン	宣伝活動。
クーリングオフ	訪問販売などで契約したものを、一定期間内であれば解約できる制度。
パブリシティ	商品や技術などをマスコミに取り上げてもらうこと。
バナー広告	インターネットのホームページに掲載されている帯状の広告。クリックすることで、広告主や商品などの詳細情報が見られる。
DM	ダイレクトメールの略。個人や企業宛にカタログなどを送付する販促方法。宛て名広告。
POP広告	販売時点広告のこと。小売店や店内に施される広告、ディスプレイなどの宣伝広告。
セールスプロモーション（SP）	販売促進活動。POP広告、キャンペーン活動を行うなど、商品の販売を促進する活動のこと。
ニッチビジネス	既存の産業のすき間に、従来なかったビジネスジャンルを展開すること。
ライフサイクル	製品の寿命のこと。

Check! ○×問題　次のことが適当ならば○、不適当ならば×で答えてください。

次は、「パブリシティ」について述べたものである。

① インターネットのページに掲載される帯状の広告のこと。

② マスメディアで、商品や事業についてニュースや記事として取り上げてもらうこと。

解答と解説

①＝× 　②＝○

①は、バナー広告の説明です。バナー広告は、クリックすることで広告主のホームページや商品のページに繋がります。

練習問題

1 マーケティング部に配属された秘書Aは、マーケティングに関する用語を勉強しようと考えた。次はAが、その意味を調べようとした用語だが、中にマーケティングとは関係ないものがある。それはどれかを選びなさい。

1) マーチャンダイジング
2) トップダウン
3) プレミアム
4) ダイレクトメール
5) セールスプロモーション

2 次の「　」の中の説明は、下のどの用語の説明か。中から**適当**と思われるものを一つ選びなさい。

「ある目的のもとに組織的に人々に働きかける活動」

1) セールスプロモーション
2) キャンペーン
3) マーケティング
4) パブリシティ
5) マーチャンダイジング

3 次は、「マーケティング」の意味を述べたものである。中から**適当**と思われるものを一つ選びなさい。

1) 訪問販売などで契約したものを一定期間内であれば解約できる制度。
2) 商品やサービスを提供した後に、メンテナンスや修理などをすること。
3) 従業員の労働意識や士気のこと。
4) 無欠点運動。
5) 製品が生産者から消費者の手に渡るまでの一連の企業活動。

[解答と解説]

1 の解答 2)

トップダウンとは、企業経営で目標や方針を上層部が決め、実行を下層部に指示する管理方式のことなので、マーケティングとは関係ありません。

2 の解答 2)

1)3)4)5)の用語は、マーケティングで良く出題される用語なので、区別して理解しておきましょう。

3 の解答 5)

1) クーリングオフの説明。
2) アフターサービスの説明。
3) モラールの説明。
4) ZD運動の説明。

知っておきたい用語

Point
★★★
● ビジネスシーンでよく使われるビジネス用語や、
新聞や職場で使われる用語を理解しておきましょう。

常識として知っておこう!

◆ カタカナ用語

アウトサイダー	局外者。集団から外された者。
アウトソーシング	社外調達。業務の一部を外部に委託すること。
アウトライン	輪郭。
アセスメント	評価、査定。
アソシエーション	協会、団体。
アメニティー	生活環境の快適さ、心地よさ。
イニシアチブ	主導権。
イノベーション	技術革新、革新。
インサイダー	組織内部の者。内部情報に通じている者。
インストラクション	指導、指令。
インターバル	間隔、休憩時間。
インテリジェントビル	高い情報通信システムを備えたビル。
インフラストラクチャー（インフラ）	生産や生活の基盤になる道路や空港などの構造物や施設のこと。
インフレーション（インフレ）	物価水準の持続的上昇。
エージェンシー	代理店。
エージェント	業務を代理で行ったり、斡旋したりする仲介業者、代理人などの業者。
エグゼクティブ	企業や団体の上級管理職、経営幹部。

エコビジネス	環境保全に関するビジネスの総称。
オーガニゼーション	組織、機関、団体。
オーソリティー	権威、権威者。
オピニオン	意見。
オファー	申し出、提示。
オプション	いくつかの中から自由に選択できる物や事柄。自由選択。
ガイダンス	指導、手引き、学習指導。
ガイドライン	基本指針、指導目標。
キャパシティー	能力、容量。
キャピタルゲイン	資本利得。株価などの上昇により得た利益。
クオリティー	品質。
クレジット	信用、信頼。
グローバリズム	地球規模で国際的な緊密化を図り、解決を目指すこと。
コーチング	対話を通して必要な能力を引き出す人材開発技法のこと。
コーポレートガバナンス	企業統治。
コールドチェーン	生鮮食料品を冷蔵などして新鮮な状態で産地から消費地に運ぶ仕組み。
コマーシャルベース	商業の採算。

コミッション	委託（仲介）手数料、委任、依頼。
コミットメント	責任を伴う約束。
コンサルテーション	相談。
コンスタント	一定。
コンセプト	概念。
コンセンサス	合意、意見の一致。
コンタクト	接触、連絡。
コンテンツ	内容。
コンプライアンス	法令順守。法令遵守。
サジェスチョン	示唆。暗示。
サンプリング	見本、標本の抽出。
シミュレーション	実際に近い状況をつくって研究などをすること。模擬演習。
シルバーマーケット	高齢者市場。
シングルマーケット	単身者市場。
スキーム	公的な計画、構想。
スキル	技能。
スクリーニング	ふるい分け。
セーフティーネット	網の目のように救済策を張ること。
セオリー	理論、学説。
セキュリティー	安全、保安、防犯。
セクション	部分、部課。
タイアップ	協力、提携すること。
ディーラー	販売業者。
デッドライン	最終期限。
デフレーション（デフレ）	物価が下落する状態が続くことで、貨幣価値が上がる。
トップダウン	組織内で上層部が意思決定し、部下がそれに従う管理方式。
トレード	取引。
ネゴシエーション	交渉、協議。
バイオテクノロジー	生命工学、生物工学。

ハイリスク・ハイリターン	損失の危険が大きいほど高い収益が期待できるという投資の原則。
パテント	特許。
バリアフリー	障害の除去。
バリュー	価値。
ファクター	要素、要因。
ファンクション	機能。
ファンド	資金、基金。
フィードバック	出力の一部を入力側に戻すこと。受け手からの反応を送り手が結果に反映させて調整すること。
ブラッシュアップ	磨きをかけること。勉強し直すこと。
プレゼンテーション	計画や企画などを提示、説明すること。
フレキシブル	柔軟な、融通のきく。
ブレーン	頭脳、知的指導者。
プロモーター	主催者、発起人。
ヘッドハンティング	有能な人材を他社から引き抜くこと。
ペナルティー	罰則。
ベンチャービジネス	未開発分野の新規事業。
ペンディング	保留。
ボーダーレス	境界線がない状態。
ホスピタリティー	客などを親切にもてなすこと。
ボトムアップ	組織の意思決定の方法で、下層部が発議し、それを上層部が決めること。
ポリシー	政策、方針。
マージン	売価と原価の差額、販売手数料。
マスプロダクション（マスプロ）	大量生産。
マテリアル	材料、原料、素材。
メソッド	方法。

メッセ	見本市。
モチーフ	主題。
ユーザー	製品の使用者。
ラジカル	急進的な、過激な。
ランニングコスト	運転資金。
リカバリー	回復、取り戻すこと。
リース	長期の貸付。
リコール	欠陥品を生産者が回収して無料で修理すること。
リスクマネジメント	危機管理。
リベンジ	報復。
リリース	解放すること。
レート	相場。
レセプション	公式の歓迎会、受付。
ロイヤリティー	特許権、著作権などの権利使用料。

◆ 知っておきたい用語

ワークシェアリング	従業員で仕事の総量を分かち合うことで、新規雇用の拡大を図ること。
IT産業	コンピューターやインターネットを活用した産業。
規制緩和	経済活動に対する許可、確認、届け出など、さまざまな規制を緩和・廃止すること。
為替レート	2国間の通貨（2つの通貨）を交換するときの通貨の取引価格（交換比率）。
行財政改革	国会議員の削減や組織の統廃合など、これまでの行政の組織を見直してスリム化し、効率的な組織にしようとする取り組みのこと。
遺伝子工学	遺伝子の組み換え技術などを使って、医療、動植物の品質改良に応用する技術を研究する学問。
合弁企業	複数の企業の共同出資により設立された会社。

現地法人	企業が海外で設立した会社。
円高	円の価値が他国通貨、特に米ドルに対して高まること。1ドル＝110円が1ドル＝105円になるのは円高。輸入には有利だが、輸出には不利。円高⇔円安。
マネーサプライ	金融機関以外の法人や個人が所有する通貨の総量。

◆ 情報処理・コンピューター用語

光通信	大量の情報を伝達できる光ファイバーによる通信。
仮想現実	バーチャルリアリティー。コンピューターを利用して現実に存在しない空間を作り、現実に体験している感覚を持たせる技術。
電子マネー	貨幣価値を電子情報化した電子貨幣。
アウトプット	出力、発信。
インプット	入力。
アップデート	ソフトウェアの内容を新しいものに変更すること。大幅な変更の場合はアップグレードという。
Eメール	電子メール。文字情報を送受信するシステム。
CC	カーボンコピーの略。電子メールのCC欄の受信者に同じメールを送信できる。
BCC	ブラインドカーボンコピーの略。宛て名の受信者は自分以外に送られた人がいるかどうかがわからない。
添付ファイル	電子メールの本文と一緒に送ることができる文書や画像などが入ったファイル。
データベース	各種の大量情報を検索して取り出せるようにコンピューターに集積したもの。

プロバイダー	インターネットの接続サービス提供事業者。
検索エンジン	キーワードを入力することでインターネット上の情報が検索できるもの。
メモリー	データを記憶する装置のこと。
LAN	ローカルエリアネットワークの略。限られた区域内（企業情報通信網）のコンピューター通信網。
eコマース	電子商取引。
バグ	コンピュータープログラムのミスのこと。

◆ **略語**

AI	人工知能。
ATM	現金自動預け払い機。
APEC	アジア太平洋経済協力。
CEO	最高経営責任者。
CS	顧客（消費者）満足。
EU	欧州連合。
FX	外国為替。外国為替証拠金取引。
G7	主要7カ国（米日英独仏伊加）財務相・中央銀行総裁会議。
GPS	全地球測位システム。
GDP	国内総生産。
GNP	国民総生産。
IMF	国際通貨基金。

JAS	日本農林規格。
JIS	日本工業規格。
JETRO	日本貿易振興会。
M&A	企業の合併と買収。
NGO	非政府組織、民間の国際協力機構。
NPO	民間非営利団体。
ODA	政府開発援助。
OECD	経済協力開発機構。
OPEC	石油輸出国機構。
TPP	環太平洋戦略的経済連携協定。環太平洋パートナーシップ。
PKO	国連平和維持活動。
POS	販売時点情報管理。
WHO	世界保健機関。
WTO	世界貿易機関。
労基法	労働基準法。
政府税調	政府税制調査会。
住基ネット	住民基本台帳ネットワークシステム。
連合	日本労働組合総連合会。
行革	行政改革、行財政改革。
国保	国民健康保険。
生保	生命保険。
外為	外国為替。
コネ	コネクション。
アポ	アポイントメント。

Check! ○×問題　次のことが適当ならば○、不適当ならば×で答えてください。

「欠陥のある製品を生産者が回収し、無料で修理すること」とは、どの用語の説明であるか。

① リカバリー　　② リコール

解答と解説

①＝**✕**　②＝**○**

リカバリーは、「取り戻すこと」「回復」を指します。

練 習 問 題

1 次は、用語とその訳語の組み合わせである。中から<u>不適当</u>と思われるものを一つ選びなさい。

1) キャパシティ ＝ 能力・容量
2) コンタクト ＝ 提携・連携
3) カテゴリー ＝ 範囲・区分
4) サポート ＝ 支持・支援
5) メンテナンス ＝ 保守・維持

2 次は、用語とその意味の組み合わせである。中から<u>不適当</u>と思われるものを一つ選びなさい。

1) コメンテーター ＝ 解説者
2) コーディネーター ＝ 調整者
3) オーソリティー ＝ 経営者
4) アウトサイダー ＝ 局外者
5) オーガナイザー ＝ 組織者

3 次は、略語とその意味の組み合わせである。中から<u>不適当</u>と思われるものを一つ選びなさい。

1) ISO ＝ 国際標準化機構
2) TQC ＝ 総合品質管理
3) POS ＝ 販売時点情報管理
4) M&A ＝ 企業の合併・吸収
5) NPO ＝ 国際協力に携わる非政府組織

[**解答と解説**]

1 の解答 2）

コンタクトの訳語は「接触」「連絡」です。

2 の解答 3）

オーソリティーとは、権威者のこと。

3 の解答 5）

NPOとは、民間非営利組織のこと。国際協力に携わる非政府組織はNGOです。

Part ④

マナー・接遇

試験での出題は

35問中 **12問**
（5択問題➡10問／記述➡2問）

よい人間関係をつくる

Point
★★★
● 人間関係が良好だと、仕事がスムーズにいきます。
● 人間関係や職場でのトラブルを回避するカギは、謙虚な気持ちです。

日ごろから良好な人間関係づくりを！

上司 —
取引先の人
会社の目上の人 —
先輩・後輩
お客様
同僚

秘書

NG 人間関係を悪くする言動

他人に責任があるような言い方

✕ 「○○さんは、当然、ご存じだと思っていましたが……」

ミスをしたときに言い訳をする

✕ 「他に急な仕事があったので……」

目上の人に対して指示をするような言い方をしたり、態度をとる

✕ 「A社の斉藤部長にお会いになった方がよろしいのではないですか」

職場での人間関係が悪いと、仕事がうまく進まず、些細なことでも
トラブルになるので、日ごろから対応には十分気をつけよう。

変化する人間関係への対応 ★★★

よく出る

　職場では、人の異動が少なくありません。その都度、新たな人間関係を築く必要があるほか、上司が交代すれば仕事のやり方も変わり、その対応も求められます。人間関係の変化にうまく順応していく術を身につけましょう。

 人間関係を円滑にするには

- 誰に対しても誠実な態度をとる。
- 相手の立場に立って考え、発言、行動する。
- 価値観が違う相手でも、否定せず、理解をしようと努める。
- ミスしたときは言い訳をせず、謝り、反省をする。
- 目上の人に意見したり、指示したりするなど、出すぎた行為をしない。

 こんなときは？ 　上司から、明日締め切りの仕事を「頼んだものは、もうできているか」と言われたとき

✕ 「明日まででよいと言われていたので、まだできていません」

◯ 「申し訳ございません。まだできていないのですが、すぐに取り掛かります。少しお待ちいただいてもよろしいでしょうか」

> 上司の期待に応えるのが秘書。上司が必要というなら、できていないことを謝って、すぐに仕事に取り掛かろう。

 こんなときは？ 　**取引先の人から懇親会に誘われたとき**

✕ 「まずは上司の指示を仰いでからお返事します」と言う。

◯ 「その日はまだ予定がはっきりしておりませんので、後ほどご連絡いたします」と言い、上司の指示を仰ぐ。

職場のトラブル回避法

良好な人間関係を保つためにも、次のことを心に留めておきましょう。

新任の上司に対して

早く信頼関係を築くために、次のことを心得ておきましょう。

☐ 前任上司と比較しない。

☐ 新任上司の仕事の内容を把握し、仕事の進め方を早く理解する。表面的な言動だけで判断せず、上司の人間性を理解するように努める。

一人の秘書が二人の上司に就く場合

両者の仲がよくない場合は、**秘書が調整役をすること**も重要になります。

☐ 両者に対してあくまで平等に接する。

☐ 両者それぞれの仕事の進め方に合わせる。

☐ 両者の人物評価や噂話はしない。

ほかの秘書に対して

秘書同士で親しくなっても、**マナーを守ることは
忘れない**ようにします。

☐ それぞれの仕事に立ち入ることはしない。

☐ 仕事を頼まれたときは、できる限り協力する。

☐ 秘書同士だからといって、仕事や責任を押しつけない。

☐ 上司の仕事内容や上司に関する話題は避ける。

> 謙虚な気持ちで接すれば、
> 摩擦は少ないものだよ。

Check! ○×問題　次のことが適当ならば○、不適当ならば×で答えてください。

**上司と打ち合わせの予定がある部長が20分ほど遅れて来たが、
上司には15分後に取引先との面談が入っている。**

① 「次の予定があり、10分ほどしかお
時間をお取りできないのですが、よ
ろしいでしょうか」と言った。

② 「すぐにご案内いたしますが、15分
後には別の予定が入っておりますの
で、そのつもりでお願いします」

解答と解説

①＝○　②＝×

「そのつもりでお願いします」と言うのは秘書が言うべきことではなく、15分後に
別の予定が入っていることを知らせることが秘書の対応です。

1 秘書Aは、「話し方と人間関係」というテーマの研修会に参加した。次は、そのとき教えられたことである。中から不適当と思われるものを一つ選びなさい。

1) 話をするときは、相手に不快感を与えない話題を選ぶ気配りが大事である。
2) 相手との人間関係をわきまえて話をしないと、話をしても効果は上がらない。
3) こちらの話を受け入れてもらうには、相手を否定するような話はしないことだ。
4) 相手を区別せず、誰とも同じ話し方をしないと、相手との人間関係はよくならない。
5) 自分の言葉が少々足りなくても、相手との人間関係がよければ、少しは補って聞いてもらえる。

2 次は、なぜ人間関係が重視されるかを述べたものである。中から不適当と思われるものを一つ選びなさい。

1) 人間関係がよければ、仕事が円滑に進められるから。
2) 活動的な組織は、人間関係が良いことによってできるから。
3) 人間関係とは、人が協力し合っている状態のことだから。
4) 仕事をするためには、人間関係がよいことが大切だから。
5) 人の感情は、人間関係の善し悪しによって左右されるから。

[**解答と解説**]

1 の解答 4）

人間関係をよくするとは、相手との関係をよくすること。この場合は話し方についてです。人は多様なので、その人に応じた話し方をしないと関係はよくなりません。したがって、相手を区別せず同じ話し方をしないと関係がよくならないというのは不適当。

2 の解答 3）

「人が協力し合っている状態」というだけでは、人間関係重視の理由にはなりません。それによって何が生み出されるかが大事です。

敬語の使い方

Point
★★★
- 敬語は大別すると、尊敬語、謙譲語、丁寧語の3種類があります。
- 敬語は、相手や自分の立場によって正しく使い分けましょう。

相手（お客さま、目上の人）

自分・相手

自分

尊敬語
相手を立てるとき
文体：お〜になる、
　　　　〜れる、〜られる
例：会う⇒お会いになる
　　　行く⇒行かれる

丁寧語
改まった表現で、
立場に関係なく使う敬語

謙譲語
自分（身内）を
へり下るとき
例：行く⇒参る、伺う

尊敬語　主語は相手、第三者。相手を立てて表現することで、相手に敬意を伝えます。上司、取引先の人などに使います。

「△△社のM部長がいらっしゃいました」

▶ お客様に対して「来た」の尊敬語を使います。「お見えになりました」「お越しになりました」でも OK。

「部長は先ほどお帰りになりました」

▶ 上司（目上の人）のことを伝えるときは尊敬語を使います。「帰る」という動詞を「お〜になる」にすると、相手を高めた表現になります。

謙譲語　主語は自分、自分側の者。自分や自分側（家族や同じ会社の人）をへりくだることで、相手への敬意を表します。社内の人のことを社外の人に話すときにも使います。

「資料をお届けに伺います」

▶ 自分の行動については、「行く」の謙譲語の「伺う」「参る」を使います。「お届けに参ります」でもかまいません。

「ただいま、部長の鈴木が参ります」

▶ 社外の人に対して、社内の者のことを伝えるときは謙譲語を使います。「来る」の謙譲語の「参る」にし、鈴木部長だと敬称になるので「部長の鈴木」とします。

丁寧語　語尾を「です」「ます」と丁寧に、名詞の頭に「お（ご）」を付けて美しく表現します。

「秘書のAでございます」

▶ 「ございます」は、「です」「ます」より丁寧な表現になります。

「ご案内いたします」

▶ 「します」の丁寧語は「いたします」。案内に「ご」をつけて美しく表現。

敬語の使い分け ★★★

よく出る

敬語には、通常の形式とは異なり、独特な表現にして用いる場合があります（交換形式）。以下はその代表的な例です。

普通の言い方	尊敬語	謙譲語
する	なさる	いたす
言う	おっしゃる	申す
話す	話される	申す・申し上げる
聞く	お聞きになる／お耳に入る	伺う・拝聴する・承る
見る	ご覧になる	拝見する
行く	いらっしゃる	参る・伺う
来る	いらっしゃる／お見えになる／お越しになる	参る
会う	お会いになる	お目にかかる
尋ねる	お尋ねになる／お聞きになる	お尋ねする・お伺いする
いる	いらっしゃる	おる
食べる	召し上がる	いただく
知る	ご存じ	存じる・存じ上げる
与える	くださる	差し上げる
訪ねる	いらっしゃる	伺う・おじゃまする
借りる	お借りになる／借りられる	拝借する・お借りする
もらう	お受けになる	いただく・賜(たまわ)る

気に入る→お気に召す(尊敬語)、
死ぬ→お亡くなりになる(尊敬語)も、
独特な表現といえるね。

ウチとソトの敬語の使い分け

★★★

　社外の人に、社内の者の話をするときは、尊敬語を使いません。「社外は外（ソト）」「社内は身内（ウチ）」と考えましょう。また、「鈴木部長」と名前と役職名を組み合わせると役職が敬称になるので、社外の人には「鈴木」「部長の鈴木」とします。

外部（取引先やお客様など）の人と話すとき

✕ 鈴木部長は今、
　　席におられません。

◯ 部長の鈴木は、ただいま
　　席を外しております。

▶「られ」をつけるのは尊敬語。接遇用語の「外しております」を使います。

✕ 鈴木部長はすぐに
　　いらっしゃいます。

◯ （部長の）鈴木は
　　すぐに参ります。

▶「いらっしゃいます」は尊敬語。「来る」の謙譲語の「参る」を使います。

✕ 鈴木部長は3時に戻ると
　　おっしゃっていました。

◯ （部長の）鈴木は3時に戻ると
　　申しておりました。

▶「おっしゃる」は尊敬語。「言う」の謙譲語の「申す」を使います。

内部（社内）の人と話すとき

✕ 部長の鈴木は、ただいま
　　出かけています。

◯ 鈴木部長は、ただいま
　　外出されています。

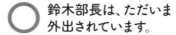 上司の家族に、上司のことを伝えるときも尊敬語を使うよ。

Check! ◯×問題　次のことが適当ならば◯、不適当ならば×で答えてください。

次は、上司の外出中に顔見知りの取引先の人が訪れたときに言った言葉である。

①「ただいま外出されていますが、いかがいたしましょうか」

②「ただいま外出しておりますが、いかがいたしましょうか」

解答と解説 ①＝✕　②＝◯

社内の人は身内と考え、社外の人に言うときは尊敬語を使いません。身内なので、謙譲語の「外出しております」にします。

1 次は、鈴木部長の秘書Ａが言った言葉。中から言葉づかいが<u>不適当</u>と思われるものを一つ選びなさい。

1) 上司に、Ｒ社の石井氏を連れてきたと言うとき
「Ｒ社の石井様をご案内いたしました」

2) 来客に、そんなことは上司からは聞いていないと言うとき
「そのようなことは、鈴木からは聞いておりませんが」

3) 来客に、向こうの受付で尋ねてもらいたいと言うとき
「あちらの受付でお尋ねくださいませんでしょうか」

4) 来客に、この資料を一通り見てもらえないかと言うとき
「こちらの資料に、お目通し願えませんでしょうか」

5) 上司に、その書類は今、課長が読んでいると言うとき
「その書類は、ただいま課長がお読みいたしております」

2 次は、鈴木部長の秘書Ａの言葉づかい。下線部が<u>不適当</u>と思われるものを一つ選びなさい。

1) 同僚に対して
「部長は、書類を<u>ご覧になられておいでです</u>」

2) 取引先に対して
「私どもの鈴木がそちらに<u>おじゃましておりますでしょうか</u>」

3) 課長に対して
「部長が、課長に<u>説明してもらいたい</u>、とおっしゃっています」

4) 部長に対して
「その書類は、課長が先ほど<u>お持ちになりました</u>」

5) 常務に対して
「部長から、常務のご予定を<u>伺ってくるように</u>、と申しつかりました」

［ **解答と解説** ］

1 の解答 5)

「いたす」は、自分がするという意味の謙譲表現になります。従って、「課長がお読みいたして……」という言葉づかいはしません。このような場合の適切な言い方は、「……お読みになっておいでです」となります。

2 の解答 1)

同僚に対して部長のことを言うのだから尊敬語を使いますが、「ご覧になられておいでです」は二重敬語です。「ご覧になっておいでです」というのが適しています。

間違えやすい敬語

Point
★★★
- ●尊敬語と謙譲語は、混同しないようにしましょう。
- ●一つの言葉に同じ種類の敬語を重ねる「二重敬語」に気をつけましょう。

> 敬語は正しく使わないと逆効果。かえって失礼にあたるよ。
> 間違った敬語の使い方は、相手の信用を失うことにも。

敬語の基本

目上の人に対しては**尊敬語**を使う。

自分（側）には**謙譲語**を使う。

尊敬語と謙譲語が　混同

✕
> 書類はご持参になりますか。

…

「持参」は「持つ」の謙譲語。「ご〜なる」という尊敬語の形式をとっていても、謙譲語が入ることで間違った敬語になってしまいます。これでは、相手を敬う気持ちは伝わりません。

〇

> 書類はお持ちになりますか。

▶ 尊敬語の「お〜になる」の形式にします。

尊敬語と謙譲語の使い方が　逆

✕
> 受付で伺ってください。

…

外部の人には尊敬語を使うので、「聞く」の謙譲語である「伺う」を使うのは間違い。相手をへりくだる言い方になるので、とても失礼になります。

〇

> 受付でお聞きください。

▶「聞く」を尊敬語にして「お聞きになる」という形式にします。

尊敬語と謙譲語を混同しない

よく出る ★★★

尊敬語と謙譲語を混同しないように注意します。尊敬語は相手側のこと、謙譲語は自分側のことです。「主語はどちらか」を考えて判断しましょう。

✗ どちらへ参られますか。　　　**○** どちらへいらっしゃいますか。

▶「参る」は「行く」の謙譲語。尊敬の助動詞の「〜れる」を当てはめても尊敬語になりません。

✗ どうぞ、ご拝見ください。　　　**○** どうぞ、ご覧ください。

▶「拝見する」は「見る」の謙譲語。この場合は尊敬語の「ご覧になる」を使います。

✗ 拝聴されますか。　　　**○** お聞きになりますか。

▶「拝聴」は「聞く」の謙譲語。この場合は尊敬語の「お聞きになる」を使います。

二重敬語に注意する

よく出る ★★★

丁寧に話そうとするあまり、敬語を重ねてしまう「二重敬語」は、よくある間違いです。しつこい印象になるので注意しましょう。

✗ 何時にお戻りになられますか。　　　**○** 何時にお戻りになりますか。

▶✗は「お〜になる」の尊敬語に、尊敬の助動詞の「〜られる」をつけた二重敬語。

✗ お客様がおいでになられました。　　　**○** お客様がおいでになりました。

▶✗は「来る」の尊敬語の「おいでになる」に、尊敬の助動詞の「〜られる」をつけた二重敬語。

✗ 部長がおっしゃられました。　　　**○** 部長がおっしゃいました。

▶✗は「言う」の尊敬語の「おっしゃる」に、尊敬の助動詞の「〜られる」をつけた二重敬語。

✗ 拝借させていただいてもよろしいでしょうか。　　　**○** 拝借してもよろしいでしょうか。

▶✗は「借りる」の謙譲語の「拝借する」に、「もらう」の謙譲語の「いただく」をつけた二重敬語。

気をつけたい敬語

● 社内の上下関係を考慮する

社内の上位者に下位者のことを言う場合、尊敬語は使いません。ただし、秘書の立場として「れる」「られる」をつけた尊敬語は使います。

✕ 部長に対して
「課長はもうお出かけになりました」

〇 部長に対して
「課長はもう出かけられました」

▶「お（ご）〜になる」よりも敬意の低い「〜られる」の形式の尊敬語を使います。

● 動物や自然現象などには敬語を使わない

外来語、動植物、自然現象に敬語を用いることはありません。

✕ 今日は風がお強いですね。

〇 今日は風が強いですね。

✕ 社長のお宅には、すばらしい
犬がいらっしゃいます。

〇 社長のお宅には、
すばらしい犬がいます。

✕ おビール　**✕** お紅茶

〇 ビール　**〇** 紅茶

正しい敬語を使ったシーン別　上司への言葉づかい

▶上司が体調不良で早退した
（または休んだ）翌日
「お加減はいかがでいらっしゃいますか」
「お体の具合は、もうよろしいのでしょうか」

▶体調不良で休んだ翌日、
上司に大丈夫か聞かれたとき
「はい、ご心配いただきましてありがとうございます」

▶上司の昼食が終わったかを
確認するとき
「ご昼食は、お済みでしょうか」

Check! ▶ **〇✕問題**　次のことが適当ならば〇、不適当ならば✕で答えてください。

次は、上司（部長）に対する言葉遣いである。

① 常務からの伝言を伝えるとき、「常務が
これからこちらへいらっしゃるそうです」

② 外出するとき、「何時ごろお戻
りになられるでしょうか」

解答と解説

① = 〇　② = ✕

「お戻りになられる」は、「お戻りになる」の尊敬語と「〜られる」の尊敬の助動詞の両方が当てはまるので二重敬語になる。正しくは、「お戻りになりますか」または「戻られますか」

練習問題

1 次は、秘書Aの上司に対する言葉づかいである。中から下線と思われるものを選びなさい。

1) できた資料を見てもらいたいということを
「資料ができ上がりましたが、お目通しいただけますでしょうか」
2) テレビの番組を録画したが、見るかということを
「テレビの番組を録画いたしましたが、ご覧になりますか」
3) 面談の予約があるW商事のT氏が来たということを
「お約束のW商事のT様がお見えになりました」
4) B氏が聞かせたいことがあると言っていることを
「B様がお耳に入れたいことがあるとおっしゃっておいでですが」
5) J氏が明日来社したいと言っているが、どうするかということを
「J様が明日おいでになりたいと申しておられますが、
いかがいたしましょうか」

2 次の「　」内は秘書Aが言った言葉である。中から下線部分の言い方が不適当と思われるものを一つ選びなさい。

1) 上司から資料をコピーするよう指示され、枚数を確かめるとき
「コピーは25部でございますね。かしこまりました」
2) 上司が曜日を間違えていたので、明日は火曜日だと言うとき
「明日は火曜日でございますが…」
3) 予約客（小林氏）の名前を確認するとき
「小林様でいらっしゃいますね。お待ちいたしておりました」
4) 上司に報告したあと、不明な点があるかと尋ねるとき
「何かご不明な点がおありでしょうか」
5) 不意の客に、上司（相沢専務）は外出していると言うとき
「あいにく相沢は外出なさっておりますが、いかがいたしましょうか」

[解答と解説]

1 の解答 5)

「申しておられます」の「申す」は、「言う」の謙譲語です。言っているのは、外部のJ氏だから、「おっしゃっていますが」のように尊敬語を使わないといけません。

2 の解答 5)

上司が外出していることを来客に言うのに、「外出なさっておりますが」と、上司に尊敬語を使うのは不適切。「外出しておりますが」のような言い方をしないといけません。

107

来客応対の言葉づかい

> **Point**
> ★★★
> ●来客応対の際には、尊敬語と謙譲語を正しく使い分けるのはもちろん、「接遇用語」を使った丁寧な言葉づかいで対応します。

✕ いらっしゃいませ。うちのどなたをお訪ねでいらっしゃいますか。

✕ すみません。鈴木は出かけています。

○ わたくしどものどの者をお訪ねでしょうか。

○ 申し訳ございません。あいにく鈴木は外出しております。

接遇用語　★★★

来客応対の言葉づかいは、敬語のほか、「接遇用語」という決まりきったフレーズを使います。

日常語	接遇用語	日常語	接遇用語
わたし、わたしたち	わたくし、わたくしども	さっき	先ほど
		あとで	後ほど
誰	どなたさま、どちらさま	今日	本日
連れ、同行者	お連れ様、ご同行の方	昨日	昨日 (さくじつ)
あの人	あちらの方、あちら様	おととい	一昨日 (いっさくじつ)
どこ	どちら	明日	明日 (みょうにち)
これ、ここ	こちら	あさって	明後日 (みょうごにち)
それ、そこ	そちら	今	ただいま
あれ、あそこ	あちら	今度	後日

日常語	接遇用語
とても	大変、まことに
そうです	さようでございます
すみません、ごめんなさい	申し訳ございません
わかりました	かしこまりました／承知いたしました
わかりません	わかりかねます
知りません	存じません
できません	いたしかねます
言われている	申しつかっております
～と思います	～と存じます
どうでしょうか	いかがでしょうか

日常語	接遇用語
すみませんが	恐れ入りますが／申し訳ございませんが／お手数ですが／恐縮ですが
今、席にいません	ただいま、席を外しております
伝えておく	申し伝えます
よければ	よろしければ
何でも	何なりと
間違い	不手際
帰ってほしい	お引き取りいただけませんでしょうか／お引き取り願えますでしょうか

シーン別の接遇用語

よく出る ★★★

受付にて

来客を迎えたとき	いらっしゃいませ。
予約客を迎えたとき	○○様でいらっしゃいますね。お待ちいたしておりました。
来客を確認するとき	恐れ入りますが、どちら様でいらっしゃいますか。
用件を確認するとき	恐れ入りますが、どのようなご用件でいらっしゃいますか。
名乗るとき	わたくし、秘書の○○と申します。
自社の担当者を聞くとき	担当の者の名前はおわかりでしょうか。
名刺の名前を確認するとき	恐れ入りますが、お名前はどのようにお読みすればよろしいでしょうか。
約束の確認をするとき	失礼ですが、お約束はいただいておりますでしょうか。
上司（鈴木）が席にいないとき	申し訳ございません。あいにく鈴木は席を外しております。
来客を待たせたとき	大変お待たせしました。鈴木はただいま参ります。
上司（鈴木）が不在で伝言を頼まれたとき	かしこまりました。必ず鈴木（上司）に申し伝えます。
来客を待たせるとき	恐れ入りますが、少々お待ちいただけますでしょうか。誠に申し訳ございません。あいにく会議が長引いておりまして、少々お待ち願えますでしょうか。

来客に「あとで電話が ほしい」とき	恐れ入りますが、のちほどお電話をいただけますでしょうか。
来客に「うちで何か聞い ているか」尋ねるとき	わたくしどもで何か承っておりますでしょうか。
上司（担当者）が 不在で来客が帰るとき	わざわざご足労いただきましたのに、申し訳ございませんで した。
来客を見送るとき	失礼いたします。どうぞお気をつけて。

応接室などに案内するとき

受付などから案内するとき	お待たせいたしました。
応接室に案内するとき	応接室へご案内いたします。どうぞこちらへ。
階段などを使うとき	お足元にお気をつけくださいませ。
エレベーターに先に乗るとき	お先に失礼いたします。
エレベーターに乗る前に	5 階の応接室までご案内いたします。
席をすすめるとき	こちらにおかけになって、お待ちくださいませ。 鈴木は間もなく参ります。

コレも知っておこう！

	別れる際	わかったとき
お客様	失礼いたします。	承知いたしました。 かしこまりました。
上司	お疲れさまです。	
自社の役員	お疲れさまでございました。	
先輩	お疲れさまです。	
同僚	お疲れさまです。	わかりました。

「ご苦労さま」は目上の人が目下の人を労う言葉。「了解」は親しい間柄で使う言葉です。

Check! ▶ ○×問題　次のことが適当ならば○、不適当ならば×で答えてください。

次は、上司（鈴木）が不在のときに来客に言った言葉である。

① 「失礼ではございますが、本日はお約　② 「何か、鈴木にお伝えしたいことは
　束をいただいておりましたでしょうか」　　ございますでしょうか」

解答と解説

①＝○　②＝✕

「お伝えする」は自分が伝えるときに使う謙譲語。来客には「ご伝言はありますでしょ
うか」などと言うのが適切です。

練習問題

1 次は、長谷川部長の秘書Aの来客に対する言葉づかい。中から<u>不適当</u>と思われるものを一つ選びなさい。

1) 営業部の受付を直接訪ねてもらいたいと言うときに
「恐れ入りますが、営業部の受付を直接お訪ねいただけませんでしょうか」
2) 依頼されたものは、ここに用意したと言うときに
「ご依頼なされたものは、こちらにご用意いたしました」
3) 面談の約束をもらっていたかと言うときに
「失礼ですが、ご面談のお約束をいただいておりましたでしょうか」
4) 上司が会えるか確認するので待ってもらいたいと言うときに
「長谷川がお会いできるか確認いたしますので、少々お待ちくださいませ」
5) 差し支えなければ、自分が伝言を聞こうかと言うときに
「お差し支えなければ、私がご伝言を承りましょうか」

2 秘書Aの上司(岩田部長)が外出中、不意の来客があった。次はこのときAが、上司は外出中であることを伝えたあとに言ったこと。中から<u>不適当</u>と思われるものを一つ選びなさい。

1) 「前にお電話をいただいておりましたでしょうか」
2) 「岩田とは、お約束がありましたでしょうか」
3) 「お名前とご用件をお聞かせ頂けますでしょうか」
4) 「お急ぎのご用件でいらっしゃいますか」
5) 「岩田は4時ごろ戻りますが、そのころおいで頂けますか」

[**解答と解説**]

1 の解答 2)

この場合は、「客からAに依頼のあったもの」ということを丁寧に言うことになります。したがって、正しくは「ご依頼のありました(ご依頼をいただきました)ものは」となります。

2 の解答 5)

面会は相手の都合もあることなので、あらかじめ約束をするのが一般的。用件によっては、面会を断ることがあるかもしれません。外出しているからと、戻る時間を言ってそのころに来るように言うのは、面会を約束したことにもなり、不適当です。

111

好印象の話し方と聞き方

Point
★★★
- 話し手は、相手に合わせた表現方法で反応を見ながら話します。
- 聞き手は、相手の真意がつかめるよう、真剣に耳を傾けます。

> 話をしても、聞き手が聞く耳を持っていなかったり、理解できなかったりでは何も伝わらないよ。

話す とき

● **相手との人間関係によって話し方を変える**

人間関係がうまくいっていない相手➡慎重に言葉を選び、相手に理解してもらえるよう、丁寧に話す。

人間関係が良好の相手➡言葉足らずでも、話の真意が伝わりやすい。

● **相手の年齢や上下関係、親しさの度合いにより、ふさわしくない話題は話さない**

上司には
丁寧な話し方

同僚には
フランクな話し方

聞く とき

● **相手が話している途中に、質問などで、話をさえぎらない**

話の途中に……

それって、どんなことですか。

● **相手の話の調子に合わせた言葉や態度、表情をする（相づち）**

会話をするときの"言葉"以外の「言語」

　話をするときは、単に言葉だけでなく、次のような要素も加味されます。スムーズな会話をするためにも、これらを上手に取り入れましょう。

表情言語	相手の目を見て、明るい表情でハキハキ話すと、相手も親近感を持つ。
身振り言語	大きさや広さ、形などを示すときに使う。ただし、オーバーにならないように注意。
行為言語	感じのよい態度で話すと好印象を得られる。投げやりな態度や自信に満ちた態度はNG。
身体言語	握手や軽く肩をたたくなどで、気持ちを伝える。後輩などとのスキンシップに用いる。

話し方の基本

話し方の基本は、相手にわかりやすく表現をすることです。

☐ 事実を正しくとらえ、簡潔に話す。
・5W2H（P116 参照）の要点を押さえる。

☐ 難しい表現がないよう、わかりやすく話す。
・専門用語や略語は言い換える。

☐ 相手の気持ちを傷つけないように肯定的に話す。
・まず相手の話を肯定し、その上で「しかし」と自分の意見を話す方法を用いる。

☐ 抽象的な表現は避け、具体的な表現を使って話す。
・数字や例などを用いる。

☐ 明るく、感じよく話す。
・明るい表情で正しく発音し、聞きやすいスピードで話す。

☐ 相手に応じた言葉を使う。
・適切な敬語を使い、相手が不快な気持ちになる言葉、表現は使わない。

聞き方の基本

話を聞くときは、相手の話に集中して意識を傾けます。

☐ 相手の言ったことを素直に聞く。
・勝手な解釈や省略はしない。

☐ 話の要点をつかみながら聞く。
・話のキーワードやキーフレーズを見つける。

☐ 不明な点を確かめながら聞く。
・わからないときは、相手に確認する。

☐ うなずいて聞く。
・相づちを打つと、相手が話しやすい。

☐ 不明なところは確かめながら聞く。
・質問は最後にする。

☐ 話は最後まで聞く。
・途中で相手の話を妨げたり、感情的になったりしない。

> 話すときは相手が理解できる話し方、
> 聞くときは熱心に耳を傾ける聞き方をしよう！

相づちで話しやすい環境をつくる ★★★

　話を聞くときは、相づちを打ったり質問をしたりすると相手の真意をうまく引き出せます。とくに同意したり、ほめたり、同情したりするときに相づちを打つと、相手は話しやすくなるものです。

同意する	「そうそう」「確かに」「それはそうですね」 など
同情する	「残念ですね」「さみしいですね」「つらいでしょう」 など
ほめる	「それはすごいですね」「お見事です」「さすがですね」 など
話を転換する	「ところで」「それはそうと」「話は変わりますが」 など
話を促す	「それで」「それから」「どうなりました」「といいますと」 など
反対する	「賛同しかねます」「そうは思いません」 など
疑問に思う	「それはどうでしょうか」「そうですかね」 など

確かにそうですね。

それはすごいですね。

相づちは、相手の話に調子を
合わせるもので、同意の気持ちを
表すものではない。相手の話に
同意できないときでも、
相づちを打って真剣に聞いて
いるというアピールを。

Check! ▶ ○×問題　次のことが適当ならば○、不適当ならば×で答えてください。

次は、相づちの打ち方として先輩から教えられたことである。

① 相手の話に同意できないとき、相
　づちは打たないようにする。

② 相づちには言葉や態度もあるので、
　そのような相づちも使うようにする。

解答と解説

　① ＝✕　② ＝○

同意できないときは、「それはどうでしょうか」などの疑問や「賛成いたしかねます」
などの反対を表す相づちを打つようにします。

練習問題

1 次は、秘書Aが話をするときに心掛けていること。中から<u>不適当</u>と思われるものを一つ選びなさい。

1) 相手との年齢や親疎※の差に応じて、ふさわしくないと思われることは話題にしないようにしている。
2) くだけた話し方をした方がよいと思われる内容のときは、相手に応じて使い分けをしている。
3) 話の途中でも、表情や受け答えなどから興味がなさそうに見えたら、話題を変えるようにしている。
4) 話の途中で腰を折られ、話が本題から外れてしまったときは、自分から元に戻すようにしている。
5) 難しい言葉は避けるようにしているが、言ってしまったときは、その言葉がわかったか尋ねるようにしている。

※親疎…親しい間柄の人と、あまり付き合いのない間柄の人。

2 次は、秘書Aが話の聞き方として勉強したこと。中から<u>不適当</u>と思われるものを一つ選びなさい。

1) 話に賛成できないものがあっても、聞くときは否定的な態度をとらず黙って聞くようにすること。
2) わからないことがあっても、話の途中では質問せず、一区切りついてから質問するようにすること。
3) 話の内容は、言葉からだけではなく話している人の表情や態度からも理解するようにすること。
4) 話の切れ目には、「それで」というような相づちを入れて、相手が話を進めやすいようにすること。
5) 以前聞いたことのある話の場合は、前にも聞いた話だがそれでよいのかと確認して聞くようにする。

[解答と解説]

1 の解答 5)

言ってしまった難しい言葉を、その言葉がわかったかと尋ねることは、そのような言葉は知らないのではないかと、相手を評価していたことになります。言ってしまったとしても、知っているかと尋ねるのは、よくないということです。

2 の解答 5)

話は話す人のものです。どのような話であっても「聞き方」としては相手の話を尊重するという姿勢が必要。以前、聞いたことがある話であっても、話す人が話したくて話すのですから、前にも聞いたがよいのかというような否定的な確認をするのは不適当です。

報告・説明・説得のしかた

Point
★★★
- 報告は事実を正確に述べ、説明は図などを利用して具体的に。
- 依頼を断られたときは、時機を逃さず説得します。

報告 するとき

報告するときは、<u>タイミングが大切</u>。上司が多忙なときは避け、話をする前に相手の都合を聞きましょう。

今、よろしいでしょうか。

Aの件ですが、〇〇社の担当者からの返事がまだありません。

説明 するとき

わかりやすく話すことを心掛け、<u>相手が理解しているかどうか反応を確かめること</u>。また、長くなりそうだからといって、一部分しか説明しないのはいけません。

ポイントは3つあります。まずは〇〇、2つめは〇〇、3つめは〇〇。

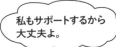

・〇〇〇の割合
・〇〇〇について

説得 するとき

相手がリラックスできる場所で話をするのも一つ。また、相手の不安を取り除くために、自分の経験談を話すのもよいでしょう。

私もサポートするから大丈夫よ。

報告のコツ

次のことを頭において、報告をまとめます。

●Y・T・T方式

Y	Yesterday	過去	（実績や経緯について）
T	Today	現在	（現状や問題点について）
T	Tomorrow	未来	（将来の予測やこれからの解決策について）

●5W2H

When	いつ	（時期、時間、期間）	Why	なぜ	（理由）
Where	どこで	（場所）	How	どのようにして	（方法、手段）
Who	誰が	（誰が行うか、誰と行うか）	How much	いくらで	（値段、経費）
What	何を	（何を行うか）			

116

要領のよい報告のしかた ★★★

よく出る

報告は、事実だけを正確に述べることが重要です。勝手な解釈で話したり、感情的な表現をしたりすると、受け手は誤った情報を事実と認識してしまいます。報告をするときは、次のことを心に留めて行いましょう。

☐ 上司が忙しいときは避けるなど、タイミングを見計らう。
☐ 自分自身が報告内容をしっかり把握しておく。
☐ 勝手な解釈や憶測、感情は加えず、事実をありのまま伝える。
☐ 結論を先に述べ、結果や理由はあとにする。
☐ 例を示すなど、なるべく具体的に話す。
☐ 悪い報告は対策の検討などが必要になるため、早く知らせる。
☐ 報告は、急ぐもの、重要なものを先に伝える。

効果的な説明のしかた ★★★

よく出る

説明をする人は、内容を十分に理解していることが前提です。説明するときの手順とポイントは、以下の通りです。

1 予告する

● ナンバー（説明する件数）、アウトライン（概略）、ポイント（留意点）などを先に述べる。

2 順序よく話す

● 重要な内容から話し、原因から結果へと話を進めるとよいでしょう。
● 抽象的な表現はせず、表やグラフなどを用いて具体的に説明します。

3 説明の最後に、要点をもう一度繰り返す

 こんなときは？ 説明の途中で上司から質問があったとき

✕ 「質問は最後に受けます」と言い、説明を続ける。

◯ 上司からの質問にはすぐに答える。

> 秘書の心構えとしては、「質問は話を聞いたあとで」だけど、秘書は上司からの質問には、すぐ答えなくてはいけないよ。

説得のしかた

　説得とは、依頼を受け入れない相手を納得させ、行動を促すようにすることです。相手の不安や拒否の理由を理解し、それを取り除くようにしましょう。説得する際は、次のポイントを押さえて行います。

☐ 相手の不安を取り除く。
・心理的不安（失敗したくない、初めてでわからない）
　　→不安は誰にでも共通にあると理解を示す。
・物理的不安（仕事が増える、時間がない）→能率性を示す。
・経済的不安（予算がない、損失する）→具体的なデータを示す。
・能力的不安（自分の力ではできそうにない）
　　→これまでの仕事を評価し、励ます。

☐ 話すタイミングを逃さない。
・タイミングよく話す機会をつくり、根気強く説得する。

☐ 説得しやすい環境づくりをする。
・食事の場を設けるなど、相手をリラックスさせ、聞く耳を持ってもらうようにする。

☐ 上司や先輩など、第三者の力を借りる。
・相手が尊敬している上司などに説得してもらうなど、人を介して説得する。

☐ 依頼の条件をゆるめる。
・仕事依頼の説得の場合、納品の量を減らす、期間を延ばすなどする。

☐ 相手に希望や条件を聞く。
・相手が困ったときには、「協力をする」などと話したうえで、説得する。

Check! ○×問題　次のことが適当ならば○、不適当ならば×で答えてください。

次は、秘書Aが後輩に教えた報告の仕方である。

① 報告するときは、初めに必要な時間を言い、「今、報告してもよいか」と尋ねてから報告をする。

② 報告することが複数あるときは、新しいものを先に、古いものはあとに報告する。

解答と解説

①＝○　②＝✕

内容の古い・新しいは関係がありません。報告は、急ぐものや重要なものから先に行います。

練 習 問 題

1 秘書課の A は部署を代表して社内厚生委員会に出席した。議題は「育児休暇の推進について」で、これについて話し合った。委員会では賛成と反対の意見が同数で、結論は出なかった。次は委員会から戻った A の岩田上司への報告の仕方である。中から不適当と思われるものを一つ選びなさい。

1) 委員会に欠席した部署名を言った。
2) 発信者の意見を話すとき、その人の名前は言わなかった。
3) 賛成と反対の、それぞれ代表的な意見を伝えた。
4) 自分にも意見があったが、それは話さなかった。
5) 委員会の経過について話した後で、結論が出なかったと伝えた。

2 次は、秘書 A が後輩 C に仕事をさせるときの説明の仕方。中から不適当と思われるものを一つ選びなさい。

1) 専門用語などは使わず、なるべくやさしい言葉で説明している。
2) 込み入った仕事をさせるときは、図解で説明をしている。
3) 仕事全体の関係がわかるように、関連のある仕事は一緒に説明している。
4) 仕事のやり方を説明して、理解されそうもないときは、それ以上はしないようにしている。
5) 間違えそうなところは、わかったかどうか確認して、正しく受けとめていなければ別の言い方で繰り返している。

[**解答と解説**]

1 の解答 5)

報告の仕方の基本は、結論を先に言い、必要ならその後、経過を言うということです。「育児休暇の推進について」は、結論が出なかったことが結論なのですから、上司への報告は、このことをまず言うことになります。したがって、経過を話した後で結論を伝えたというのは不適当です。

2 の解答 4)

仕事をさせるためにやり方を説明するのです。その説明が理解されそうにないということなら、仕事はできないことになります。したがって、理解されないからといってそれ以上しないのでは、仕事ができないことになり不適当です。

注意・忠告のしかた・受け方

Point
★★★
- 注意するときは、1対1で話すのが原則です。
- 注意を受けたら、素直に謝罪し、改善しましょう。

NG

指示した書類の
とじ方になって
いませんでした。
次からは注意して
ください。

今ここで言わなくても……。
とじ方ごときでうるさいなぁ。

みんなに注意されている
ところを見られてる。
イヤだ、どうしよう。

大勢の前で注意すると、相手の自尊心を傷つけることに。
そんな状況の中だと、素直に受け取ってもらえなかったりする。
後輩に注意するときは、誰もいないところでしようね。

注意・忠告のしかた ★★★

よく出る

　注意・忠告は、相手の態度や言動を改めてもらうために行うものですが、受けた側は、指摘されたことが正しいとわかっていても、素直に受け入れがたいものです。相手の感情を刺激して反発を招くと、人間関係がこじれる原因になりかねません。注意・忠告するときは、慎重な対応が必要です。

注意・忠告をする 前にすること

根拠もないのに注意をすると、相手を傷つけたり、不信感をもたれたりしてしまいます。次ことを心掛けて、注意・忠告をしましょう。

● **事実をきちんと調べる**
・裏づけになる資料を用意しておく。

● **原因を把握する**
・具体的な解決方法を示すために原因をつかんでおく。

● **結果を予測する**
・注意・忠告したあとの結果を予測して、今言うべきか否かを判断する。

● **時と場所を考慮する**
・よいタイミングで、人のいる場所を避けて1対1で話す。

> 注意は機会を見計らって話すことが大事。相手が忙しそうにしているときは避けよう。

注意・忠告を するとき

相手を傷つけないように、よい点をほめながら話すなど、次の点にも注意をして話しましょう。

☐ 感情的になったりせず、静かに話す。
☐ 励ましながら話す。
☐ 愛情を持って、誠実に真剣に話す。
☐ 納得する根拠を示す。
☐ 誰かと比較するようなことはしない。
☐ 本来の注意だけで、あれもこれもと注意することを追加しない。
☐ どのようにすればよいか、具体的にアドバイスをしながら話す。
☐ 相手を追いつめるような言い方をしない。

> 何回も注意したくないからといって、1度にあれこれまとめて話すのはいけない。注意は、その都度すること。

注意・忠告を した後

注意・忠告した後も相手の様子を見守り、次の点に気を配りましょう。

☐ 注意したことにこだわりを持たず、普段と態度を変えない。
☐ 相手に声がけをし、注意したことによる心のダメージを癒すように働きかける。
☐ 注意したことが改善されているかどうかを確認する。
☐ 注意しても改善されない場合は、タイミングを見計らって再度注意をする。

上司や先輩へ進言するときは

本来、秘書は上司に意見を言う立場ではありません。そのため、進言であっても「提案」の形式をとります。「**差し出がましいようで申し訳ございません**」と前置きしてから「**その件につきましては、私の立場からは○○と思うのですが**」と、話します。下位の立場という姿勢を忘れないようにしましょう。

注意・忠告を受けたら

「怒られた」と感情的になって、ふてくされたりしてはいけません。注意をする側は、相手によくなってほしいという気持ちから注意してくれているのです。注意を受けるときは次のことを心に留めましょう。

☐ 誰が言ったかではなく「何を言われたか」を問題にする。
☐ 言い訳をしたり、他の人に責任を押しつけたりしない。
☐ 感情的にならない。
☐ 強がりを言ったり、開き直ったりしない。
☐ 「申し訳ございません」と素直に謝罪する。
  ・相手が勘違いしていた場合も最後まで話を聞き、
   誤解させた点を謝罪してから事情を説明する。
☐ 注意された内容を記録して反省する。
  ・指摘されたことをメモして、同じことを繰り返さ
   ないようにする。

> 申し訳ございません。
> 以後、確認を怠らない
> ようにいたします。ご指摘
> ありがとうございました。

> まずは素直に受けとめることが大切だよ。

こんなときは? 先輩から注意されたことに、納得がいかないとき

✕ 上司に話し、とくに問題なければ、改善しない。

◯ 素直に反省し、どのようにすればよいのか具体的に教えてもらう。

Check!▶ ◯✕問題 次のことが適当ならば◯、不適当ならば✕で答えてください。

次は、秘書Aが後輩に注意するときに心掛けていることである。

① 注意したことに対して何か言いたそ
   うにしているときは、事情があるの
   かを尋ねるようにしている。

② 注意するときは、お互いが感情的に
   ならないようにするために、周りの人
   に聞こえるような声で注意している。

解答と解説

①=◯ ②=✕

注意は人がいる場所を避けて1対1で話します。感情的になるのは、注意の仕方・時・場所などが適切ではないためです。

練 習 問 題

1 次は、秘書Aが忠告をされたときに心掛けていること。中から不適当と思われるものを一つ選びなさい。

1) 忠告をされたときは、どのようにすればよかったのかを素直に尋ねて、反省するようにしている。
2) 忠告をされたときは、忠告をしてくれた人が誰であっても、同じように受けとめている。
3) 忠告をされたときは、他のことで同じような問題はないかを考えてみている。
4) 忠告されたときは、どのようなことでも、感情的にならず冷静に受けとめるようにしている。
5) 忠告をされたときは、まず受けとめ、その後すぐにその妥当性について別の人から意見を聞いている。

2 次は、秘書Aが先輩Hから、後輩に注意するときに配慮した方がよいと教えられたこと。中から不適当と思われるものを一つ選びなさい。

1) タイミングを見計らい、相手が1人でいるときに注意すること。
2) 注意するとき、相手にも言い分があれば、それを聞くようにすること。
3) 注意するとき、どのようにすればよいのか、手本を示した方がよい。
4) 注意しようと思ったことはメモしておき、まとめて注意するのがよい。
5) 注意するとき、なぜそうしてはいけないのかも教えた方がよい。

[**解答と解説**]

1 の解答 5）

忠告は何らかの理由があって、されたり、したりします。その理由は、当事者以外には理解されにくいものなので、当事者以外に妥当性を聞いても、聞かれた人は答えようがないでしょう。忠告は、された人が謙虚に受けとめないといけないものです。

2 の解答 4）

注意というのは、見落としや、やり損じのないように気をつけさせることですから、必要なときにすぐしないと注意する意味が薄らぐことになります。したがって、メモをしておいて、古くなったものまで、まとめて注意するというのは不適当です。

苦情処理、上手な断り方

Point
★★★
● 苦情処理の基本は、誠意を持って相手の話を聞くことです。
● 断るときは、はっきり「NO」と言うことが大切です。

お客様からの苦情

もう何度も連絡しているのに、何の回答も得られないってどういうこと？ だからおたくの××は△※○※△※○

それは、こちらが悪いのではなく……

そんなこと私に言ったって

このたびは、ご不快な思いをさせてしまい、申し訳ございません。お差し支えなければ、内容をお聞かせいただけますでしょうか。

相手に対して感情的になる、否定的な発言で言い訳をするのは禁物！
まずは冷静になり、誠実な態度でのぞむこと。丁寧な対応をすることで、
逆に人間関係が良好になったり、企業のイメージアップにつながったりするよ。

依頼に応じられないとき

そこを何とかお願いしますよ。

そうですね。少し検討させていただきます。

申し訳ございませんが、お受けいたしかねます。

「少し検討」と言うと、相手は受けてもらえる余地があると受け取る。
きっぱりと断わりたいなら、相手に「できない」ときっぱりと言おう。

124

苦情対応のしかた

よく出る ★★★

　苦情を受けたときは、感情的にならず、まず冷静になることが大切です。どんな苦情も誠実な態度でのぞみましょう。丁寧な言葉づかい、落ち着いた声のトーンを心掛け、相手の言い分に辛抱強く耳を傾けます。たとえ理不尽な内容でも、とにかく最後まで話を聞きましょう。相手の不平不満をしっかり聞くことで、相手の興奮も収まってきます。相手が落ち着いたら、こちらの弁明や説明を話すようにします。

苦情対応のポイント

相手の話を最後までよく聞く。

- 感情的にならず、誠意をもって聞く。
- 勘違いによるものや間違った認識だと分かっても、最後まで相手の話を聞く。
- 相手の言葉を途中でさえぎったりしない。
- 複数の苦情があるときは、1つひとつに丁寧に適切な対応をする。
- 逃げない、一人で解決しようとしない。

はい。　さようでございますか。

相手が興奮しているときは、話をさえぎらずによく話を聞く。

相手の言い分を受けとめる言葉を入れながら、じっくり話を聞くことが大切だよ。

それでは確認いたしますので少々お待ちいただけませんでしょうか。

説明はあとから穏やかに話す。

- 相手が冷静になってから、こちらの弁明や説明を話し出すようにする。

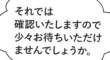

相手が落ちついてきたら、こちらの説明を話す。

担当者でなければ即答できないときは、相手の了承を得て担当者に引き継いで。また、その場で即答できない場合は、相手に「〇日までに返答します」と約束し、必ず実行しよう。

上手な断り方

よく出る ★★★

依頼に応じられないときは、はっきりと「断る」意思表示をします。曖昧な断り方をすると、相手は都合のよい解釈をして、期待してしまう可能性があるからです。

□「NO」だと、はっきりわかる返事をする。

✕「検討してみます」　〇「申し訳ございませんが、お受けいたしかねます」

✕「一応、考えておきますが……」　〇「このたびは残念でございますが、お引き受けいたしかねます。申し訳ございません」

〇「ご期待に沿えず、申し訳ございません」

□ 断る理由や根拠を明確にする

✕「担当は私ではないので……」

✕「今、忙しいので……」

◎相手が「なるほど、それなら仕方がない」と納得するような理由や根拠を丁寧に話すことがポイントになります。

□ 先手を打つ。

「私どもの事情はお分かりかと存じますが……」

「せっかくのお話ですが、かえってご迷惑をおかけすることになると思いますので、今回は辞退させていただきます」

□ ほかの日程など、代案があれば示す。

□ 最初から無関心な態度をとらないで、相手の話を積極的に聞く。

Check!▶ 〇✕問題 次のことが適当ならば〇、不適当ならば✕で答えてください。

秘書Aは、上司から「慈善団体の頼み事は断るように」と言われている。

① 頼めるつもりで来ているのだから、遠回しな言い方で断るのがよい。

② 相手に納得してもらえるように、引き受けられない事情をよく説明するのがよい。

解答と解説

① ＝✕　② ＝〇

断るときは、相手がわかるようにはっきり断る。遠回しに断ると、望みがあると相手に期待を持たせることになるので適当ではありません。

練習問題

1 秘書Aの上司が外出中、上司に面会を求める電話があった。帰社した上司に報告すると、断るようにということだったので断りの電話をしたところ、「何とかもう一度頼んでもらえないか」と言われた。このような場合、Aは相手にどのように言うのがよいか。中から**適当**と思われるものを一つ選びなさい。

1)「それでしたら、面会できるようにもう一度頼んでみましょうか」
2)「承知いたしました。すぐには無理と思いますので、少し日にちが経ちましたら伝えます」
3)「お断りするようにということでしたが、再度ご依頼がありましたことは申し伝えます」
4)「早速伝えますが、お断りするようにということでしたので、たぶん無理かと思われますが」
5)「さようでございますか。それでは日を改めてお電話をいただくということではいかがでしょうか」

2 次は、秘書Aが後輩に、上司への依頼を断るとき注意しないといけないこととして指導したことである。中から<u>不適当</u>と思われるものを一つ選びなさい。

1) 文書にして断る方法もあるが、そのときは、送付する前に上司に内容を確認してもらうこと。
2) 断るときは、誤解をされないように、あいまいな言い方をしないではっきり断ること。
3) 断るには、相手が納得する理由を言わないといけないが、本当のことでなくてもやむを得ない場合もある。
4) 断るときは、相手が話していても打ち切って、相手に無駄な時間をかけさせないようにすること。
5) 断るときは、相手に悪い印象を与えないように、丁寧な言葉づかいや態度を心掛けること。

[解答と解説]

1 の解答 3)

上司から断るように言われたので断りましたが、その際、相手から「もう一度頼んでもらえないか」と頼まれたということ。改めて頼まれたのですから、「再度の依頼があったことは伝える」と言うのが適切です。

2 の解答 4)

依頼を断るとしても、依頼の内容は最後まで聞くことを後輩には指導しないといけません。相手が話しているのに打ち切るのは失礼です。相手の時間が無駄になるということもありません。

電話応対

- お客様の電話には、敬語と接遇用語を用いて対応します。
- 上司の不在時は、相手の会社名、氏名、用件を聞き、メモをします。

はい、〇〇社でございます。

- 相手が聞き間違えないように、わかりやすい言葉ではっきり発音する。
- かけた側が通話料を負担するため、取り次ぎに時間がかかるとき、話が長くなりそうなときは、こちらから掛け直す配慮を。

さまざまな電話応対のケース ★★★

相手の声が聞き取りにくいとき

❌「もう少し大きな声でお願いします」

⭕「少々お電話が遠いようでございますが……」

⭕「申し訳ございませんが、もう1度おっしゃっていただけますでしょうか」

▶ 電話の不具合もあるので、相手に断ったうえで別の電話機からかけ直すことも。周囲が騒がしくて聞き取りにくい場合は、少し時間をおいてかけ直すよう申し出ます。

相手を待たせるとき

「ただ今、確認をいたしますので、少々お待ちいただけますでしょうか」

▶ 理由を述べてから、待ってもらうお願いをして通話を保留にします。

長く待たせてしまうとき

「お待たせいたしまして申し訳ございません。 お調べするのに時間がかかっておりますので、 もう少々お待ちいただけますでしょうか」

▶ 作業の途中でも電話に出て、待ってもらえるかどうか確認します。

「申し訳ございません。 少々時間がかかりそうでございます。 わかり次第こちらからお電話をさせていただいてもよろしいでしょうか」

▶ かなり時間がかかる場合はそのことを伝えて、改めてこちらからかけ直すようにします。

間違い電話を受けたとき

「お間違いではございませんか。こちらは〇〇会社でございます」

▶ 会社のイメージや信用を落とさないように、丁寧に対応します。こちらの電話番号を伝えると、より親切です。

伝言を頼まれたとき

「少々お待ちいただけますでしょうか（メモをとる用意をする）。
10月18日の会議の時間が、13時から15時に変更でございますね。
かしこまりました。私は秘書のAと申します。確かに鈴木に申し伝えます」

▶ 必ずメモをとり、メモの内容を復唱して確認をします。名前を名乗り、伝言者に責任を持って
伝えることを話します。

伝言を頼むとき

「佐藤様へのご伝言をお願いできますでしょうか。明日の会議の開始時間は
15時ですと、お伝えいただけますでしょうか」

▶ 誰に伝言をしたいのかを最初に伝え、内容を簡潔に話します。伝言内容をメモすることや、
復唱することを相手に依頼してはいけません。

電話の取り次ぎ ★★★

1 相手の会社名・名前と
用件を確認。

> △△会社の小林様で
> いらっしゃいますね。
> かしこまりました。ただいま
> 鈴木におつなぎいたし
> ますので、少々お待ち
> いただけますでしょうか。

- 複数の上司についている秘書の場合は、
取り次ぐ上司を確認。
- 相手が用件を言わない場合は、無理に
聞かない。
- 相手の名前を間違えたときは、「失礼いた
しました」とわび、再度復唱する。

2 上司に電話の相手と用件を
伝えて取り次ぐ。

> △△会社の小林部長から
> ○○の件でお電話でございます。

- 「△△会社の○○様からお電話でござい
ます」でもOK。
- 必ず、通話を保留にしてから伝えます。

こんなときは? 上司から、こちらからあとで電話すると言われた

「申し訳ございません。鈴木は、ただいま仕事が立て込んでおります。
後ほど改めてお電話を差し上げると申しておりますが、いかがでしょうか」

上司から、代わりに用件を聞くように言われた

「鈴木はただいま、席を外しております。私、秘書の○○と申します。代わりにご用
件を承りますが、いかがでしょうか」

上司（不在）への取り次ぎ

1 上司の不在を伝え、用件を聞いておく。

● 相手には、上司の外出先や電話番号を教えない。

● 相手が上司の携帯の番号を聞いてきたとしても、上司の番号は教えず、相手の電話番号を聞いて「こちらからご連絡します」と言う。

> 申し訳ございません。あいにく鈴木は外出しております。よろしければ、ご用件をお伺いいたしますが……

2 帰社時間を尋ねられたら伝える。

> 15時ごろ戻る予定でございます。戻り次第ご連絡を差し上げましょうか。

3 伝言があれば聞いてメモをし、伝言メモを上司の机の上に置いておく。

4 上司が帰社したら、電話があったことや伝言があったことを口頭でも伝える。

こんなときは？ 上司の不在中、上司に内線電話がかかってきたとき

✕ 「はい、部長の鈴木の席です」

◯ 「はい、鈴木部長の席でございます」

◯ 「はい、部長席でございます」

> 話す相手が社内の人であれば、部長に対して尊敬語を使うんだよ。

Check!▶ ◯✕問題 次のことが適当ならば◯、不適当ならば✕で答えてください。

次は、秘書Aが電話応対のときに心得ていることである。

① こちらの話す内容が複雑なときは、相手にメモをとらなくてよいかを確かめるようにしている。

② 伝言を頼むときは、自分が名乗った後に内容を伝え、その後、電話に出た人の名前を尋ねている。

解答と解説

①＝✕　②＝◯

相手にメモをとらなくてよいか確認するのは失礼。メモをとるとらないはこちらが心配することではありません。

練 習 問 題

Part 4 マナー・接遇

1 次は、秘書Aが電話応対のとき行っていること。中から<u>不適当</u>と思われるものを一つ選びなさい。

1) 上司不在で伝言を頼まれたときは伝言をメモするが、最後にメモした内容を相手に確認して、自分の名前を言っている。
2) 上司が外出していて不在のときは外出していると言ったあとで、「帰ってきたらこちらから電話するかどうか」を聞いている。
3) 上司の会議中にかかってきた電話には、上司は会議中と言って、「上司につなぐ必要があるかどうか」を尋ねている。
4) 上司宛ての電話を上司に取り次ぐときは、上司にその電話に出るかどうかを確かめている。
5) 上司が会社にはいないので自宅へかける場合は、「ご自宅までお電話して申し訳ございません」と謝っている。

2 秘書Aは上司から「取引先のW部長を電話口に呼び出してほしい」と指示された。このような場合、取引先に電話をかけたらいつ上司と替わればよいか。中から**適当**と思われるものを一つ選びなさい。

1) 取り次がれたW部長が電話口に出たら、「いつもお世話になっております」と言って、すぐに上司と替わる。
2) 取り次がれたW部長が電話口に出て名乗ったらAも名乗り、急いで上司と替わる。
3) 取引先の人が電話を取る前、呼び出し音が鳴っている間に、上司と替わる。
4) 取引先の人が電話口に出たら取り次ぎを頼み、呼び出してもらっている間に、上司と替わる。
5) 取り次がれたW部長が電話口に出たら、「少々お待ちください」と言って上司と替わる。

[**解答と解説**]

1 の解答 3)

上司の会議中にかかってきた電話は、よほどの事情でない限り取り次がないようにします。取り次がない方がよいのだから、こちらから上司につなぐ必要があるかなどと尋ねるのは不適当です。

2 の解答 4)

相手を電話口まで呼び出すときは、相手が出たらすぐに上司が出られるように配慮することが大切です。相手を待たせるようなことをしてはいけません。

131

実際の来客応対

Point
★★★
● 約束の有無により、対応の流れが異なります。
● 上司が不在や多忙のときは、相手の意向に沿うことが重要です。

客を出迎えるときの対応

1 あいさつをする。

「いらっしゃいませ」と
あいさつをしてお辞儀
をします。

2 相手を確認する。

会社名・所属・名前・
用件・訪問先・アポイ
ントメント（面会予約）
の有無を確認。
◎初めて訪ねてきた客
　の場合は、名刺も預
　かります。

3 取り次ぐ。

お辞儀の種類

会釈	敬礼	最敬礼
15	30	45

●用件を聞くとき ●応接室、役員室などへの入退室のとき	●出迎え・見送りのとき ●初対面の人と会ったとき	●車が立ち去る際の見送り ●役員などの見送り ●謝罪、依頼

約束のない客の対応 ★★★

 よく出る

転任・着任などのあいさつに来た客の場合	儀礼的であいさつは短時間で終わるため、できるだけ上司と面会できるよう手配します。
あいさつに来たと告げられたら	「わざわざご丁寧にありがとうございます」
受付で予約客と重なった場合	①あいさつに来た客に**「少々お待ちくださいませ」**と言い、待ってもらう。 ②予約客を応接室に通し、状況を説明して**「申し訳ございませんが、こちらで少々お待ちくださいませ」**と言い、待ってもらう。 ③あいさつに来た客を先に上司に取り次ぐ。

上司が不在の場合	「申し訳ございません。鈴木は外出いたしております。お差し支えなければ、代理の安藤がお話を伺い、鈴木には帰社後、申し伝えるということでいかがでしょうか」 ◎秘書が代わりに名刺を預かることも。

寄付・広告の依頼、セールスなどの客の場合	断る前提で対応しますが、丁寧に対応します。寄付や広告などを扱う担当部門（総務など）があれば、そちらを紹介します。

「申し訳ございませんが、そのお申し出はお受けいたしかねますので、お引き取り願えませんでしょうか」

上司が不在・多忙のときの対応 ★★★ よく出る

上司が不在、多忙なときに約束のない「不意の客」が来たときは、代理の者に会ってもらうか、出直してもらうのが基本です。

1 会社名・名前・用件を尋ねる。

2 上司の不在を告げ、相手の意向を聞く。
右の3つについて聞きます。

●代理の者を立てる
→「では、〇〇が代わりにご用件を伺いますが…」
●伝言を聞く
→ 伝言内容、次回の面談の希望などを聞く
●後で連絡する
→「せっかくお越しいただきましたのに、誠に申し訳ございません」

上司が約束に遅れている場合の対応

秘書は相手に謝罪し、状況に応じて次のような対応をします。

10分以内に戻ってくる場合	相手には、極力待ってもらうようにする。「鈴木（上司）の戻りが遅れておりまして、あと10分ほどかかりそうです。お忙しいところ恐縮ですが、10分ほどお待ちいただけませんでしょうか」などと話す。
10分以上待たせる場合	交通渋滞など遅れる理由や到着時刻を伝え、「いかがいたしましょうか」と相手の意向を尋ねる。相手が帰る場合は、「せっかくお越しいただきましたのに、申し訳ございませんでした」とわびる。
上司が社内にいて遅れている場合	面会時間に上司が戻れない場合は、**現状を説明してわび、客を応接室に通して待ってもらう。**上司にはメモを書いて渡し、予約客が来ていることを知らせて指示を受ける。

紹介状を持つ客への対応

紹介者からの事前連絡があるかどうかで対応が異なります。紹介状は開封してあるのが普通ですが、秘書は封筒から出して確認することはしません。また、上位の者が下位の者宛てに紹介する場合は、名刺の裏などに書くこともあります。名刺に書かれたものは、正式な紹介状ではないと決めつけるのは禁物です。

事前連絡がある場合	事前連絡がない場合
「○○様からご連絡をいただき、お待ちしておりました」と紹介状を受け取り、上司に取り次ぎます。	上司の在席は告げずに紹介状を受け取り、上司に取り次ぎます。上司の意向を聞いて指示に従います。

紹介するときのマナー

● **社会的地位の上下がある場合**
・先に地位の低い人を、上位の人へ紹介する。

● **社会的地位の上下がない場合**
・先に若い人を、年上の人へ紹介する。
・先に社員を、来客へ紹介する。
・先に自分と親しい人を、あまり親しくない人へ紹介する。
・先に紹介してもらいたい人を、紹介を受ける人へ紹介する。

● **1人を大勢に紹介する場合**
・その人を先に大勢に紹介してから、各人にその人を紹介する。

● **名刺を扱うとき**
相手の名刺は、胸の高さで受け取り、両手で扱います。名前の読み方がわからないときは、「恐れ入りますが、お名前はどのようにお読みすればよろしいのでしょうか」と尋ねます。

Check! ○×問題　次のことが適当ならば○、不適当ならば×で答えてください。

次は、紹介状を持ち、上司を訪ねてきた客への対応である。

① 不意の来訪だが紹介状を持った客だったので、上司の都合を確認すると言い、待ってもらった。

② 不意の来訪だったので、その場で上司宛ての紹介状の内容を確認してから上司に取り次いだ。

解答と解説

①＝○　②＝✕

紹介状は、受け取る当事者ではない秘書が内容を確認してはいけません。

練習問題

1 次は、秘書Aが受付業務を担当するときに行っていること。中から<u>不適当</u>と思われるものを一つ選びなさい。

1) 用件を終えて帰る客には、相手が何も言わなくても、立って「失礼いたします」と言ってお辞儀をしている。

2) 自分が電話中に訪ねてきた客には、電話をしながら会釈をして、少し待ってほしいと態度で示している。

3) 自分は初対面であっても、上司とは知り合いとわかっている客には、「いつもお世話になっております」とあいさつをしている。

4) 上司宛ての紹介状を持ってきた客には、「紹介状は上司に直接渡していただけますか」と言って、出されても受け取らないでいる。

5) 転勤のあいさつなどの来客には、上司が在室していれば、「すぐに取り次ぎます」と言って、待ってもらっている。

2 次は、秘書Aの上司を訪ねてきた来客への対応である。中から<u>不適当</u>と思われるものを一つ選びなさい。

1) 郷里の友人と名乗る不意の客に、よければ用件を聞かせてもらいたいと言った。

2) 電話で面会予約を受けていた客だが来社は初めてだったので、名刺をもらいたいと言って預かった。

3) 不意に訪れた取引先の人に、確認してくるので少し待ってもらいたいと言って椅子に座ってもらった。

4) 時間に遅れてきた予約客が電車の遅延と言ったので、上司に取り次ぐときにそのことを話した。

5) 前に来社したことがあって名前がわかっている客だったので、こちらから先に相手の名前を言って迎えた。

[**解答と解説**]

1 の解答 4)

上司宛ての紹介状ですから、上司にまず見せないといけません。上司が直接見ることによって、自分が会わなくても担当者が会った方がよい場合もあります。したがって、受付で受け取らないというのは不適当です。

2 の解答 1)

来客は上司の郷里の友人と名乗っているのですから、まず上司に取り次ぎ、指示を仰ぐのがよいでしょう。不意であっても、用件を聞かせてもらいたいと言うなどは、私的なことに立ち入るので不適当です。

案内・席次・茶菓接待

Point
★★★
- お客様など立場が上の人は、応接室、乗り物の「上座」に案内します。
- 見送りのお辞儀や、お茶の出し方にもマナーがあります。

案内の手順とマナー ★★★

よく出る

1 案内する場所を告げ、先導する。

2 客の2、3歩斜め前を歩いて移動する。

3 入室前にノックし、入室後は、客に席（上座）をすすめる。
- ドアが外開きの場合は手前に引いて、「どうぞお入りください」と客を招き入れる。
- ドアが内開きの場合は「お先に失礼します」と言って先に入り、後で客を招き入れる。

4 あいさつ、一礼して退室する。
- 「鈴木（上司）はまもなく参ります。少々お待ちください」とあいさつし、会釈して退室する。

廊下や階段
- 客の歩調に合わせる。
- 曲がり角では後ろを振り返り、方向を示す。

エレベーター（秘書が操作する場合）
- 人が乗っていない場合は、「失礼します」と自分が先に乗り、操作盤の「開」を押して、客に乗ってもらう。
- すでに人が乗っていて操作盤前で「開」を押してくれる人がいる場合、「どうぞ」と、客を先に乗せる。
- 下りるときは、操作盤の「開」を押して、客から先に降りてもらう。
- 操作盤の前に立つときは、客におしりを向けないように立つ。

見送りのマナー

●エレベーターまで見送る場合
エレベーター横の操作ボタンを押し、客が乗り込んだら「失礼いたします」とあいさつをして、ドアが閉まりきるまでお辞儀（敬礼）をします。

●車まで見送る場合
荷物をいったん預かり、客が車に乗り終えたら荷物を渡します。車が動き出したら一礼（最敬礼）し、車が見えなくなるまでその場で見送ります。

席次のマナー

応接室や乗り物の席には席次があり、上位の人が「上座」に座り、下位の人が「下座」に座るのがマナーです。来客応対では、客を上座に案内します。 ※数字は席次の順番。❶は上座の最上席。

応接室

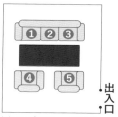

※ロングソファーの場合

通常、上座はソファー席で入口から遠い場所。❶が最上席。

会議室

飾り棚などのある側が上座に。3席ある場合は真ん中が最上席。

上司の部屋

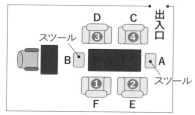

客1人の場合：客はF、上司はD
客2人の場合：客はF→E（職位順）
　　　　　　　上司はC（またはD）
客3人の場合：客はF→E→D（職位順）
　　　　　　　上司はC

列車

2席ずつ対面する座席では、進行方向を向いた窓側の❶が上座。逆方向を向いた通路側の❹が下座。

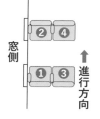

飛行機・新幹線

3席並ぶ座席では、窓際が上座、真ん中が下座。

★新幹線の3列並びの向かい合わせは逆方向の真ん中が下座になります。

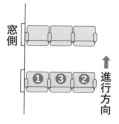

車

タクシーや運転手付きの車
運転手の後ろが上座。道案内や支払いをする助手席が下座。

中央席がない場合

車の持ち主（上司または客）が運転
助手席が上座。5人で乗る場合は、後部座席真ん中が下座。

★秘書が社用で上司の車に乗るときは、助手席に座るようにします。

茶菓接待のマナー

どうぞ

お茶を出すときの手順

1 来訪時刻に合わせて、湯を沸かし、茶器を揃えておく。

● 上司の分は、個人的な茶わんは使用せず、客と同じものにする。

2 応接室に入室の際は必ずノックをする。

3 お茶を出す。

● 名刺交換やあいさつが終わったタイミングでお茶を出す。

● 盆をサイドテーブルにいったん置き、席次の順にお茶を両手で出す。

● 「どうぞ」と声をかけながら、相手の右側から両手でお茶を出す。

● テーブルの上に書類があるときは、空いているところに置く。

● テーブルに置く場所がない場合は、声を掛けてスペースを空けてもらう。

● 座席の奥へは、手前に着席している人におくってもらってもよい。

● お茶と菓子を出すときは、客から見て菓子を先に左側に、お茶を後に右側に出す。

4 一礼して退室する。

● お茶を出し終わったら、盆の表を外側にして脇に持ち、「**失礼いたしました**」と会釈する。

Check! ○✕問題　次のことが適当ならば○、不適当ならば✕で答えてください。

次は、秘書Aがお茶を出すときに心掛けていることである。

① 客を長く待たせるとき、上司が応接室に入り、上司にお茶を出すときには客にも新しいお茶を出している。

② 面談が長くなり、お茶を入れ替えるときは、茶たくを置いたまま茶わんだけを入れ替えている。

解答と解説　①＝○　②＝✕

茶たくは、茶わんをのせて出したり下げたりするためのものです。そのため、入れ替えるときも茶わんと一緒に下げなければなりません。

よく出る ★★★

練習問題

1 次は、秘書Aが来客にお茶を出すときに行っていること。中から<u>不適当</u>と思われるものを一つ選びなさい。

1) 客を待たせたあと上司が応接室に入ったら、上司共に改めて客にお茶を出すが、そのときも客に先に出し、上司は後にしている。
2) 客の前にお茶を置くときは小声で「どうぞ」と言っているが、話し中のときは黙礼をして出している。
3) 上司には緑茶でも、コーヒーが好きだとわかっている客にはコーヒーを出している。
4) テーブルの上に書類が広がっている場合は、「失礼いたします」と言って書類を端に寄せてから出している。
5) お茶を入れ替えるときは、前に出したものは茶たくごと下げて、全部新しくして出している。

2 一般的に、上座といわれるのはどこか。中から<u>不適当</u>と思われるものを一つ選びなさい。

1) 会議室では、入口から最も遠い、奥の席。
2) 応接室では、ソファーか、奥の席。
3) 和室では、向かいに床の間が見える席。
4) 列車では、進行方向に向いた窓側の席。
5) タクシーでは、運転手の後ろの席。

[**解答と解説**]

1 の解答 4）

テーブルの上に広げてある書類は、使用中ということになりますから、「失礼します」と言ってもAが端に寄せるのは不適当です。お茶を出すなら、書類を使っている人に寄せてもらうか、断って空いているところに出すようにします。

2 の解答 3）

和室での上座は、床の間を背にして座る位置になります。

慶事・パーティーのマナー

Point
★★★
- 慶事の服装は開催時刻や格式によって異なります。
- 秘書はパーティーで、人をつなぐ潤滑油になるよう心掛けましょう。

会社の主な慶事

この他にも、慶事には、落成記念、創立記念、祝賀記念、賀寿（長寿のお祝い）などがあるよ。

[受賞] 各種の賞を受けること。

[受章] 国家から勲章や褒章を受けること。

[昇進・就任など] 上司と関係のある取引先などでの昇進、栄転、就任などについての祝い。

[結婚] 社員の結婚や取引先の人（または子供）の結婚。

慶事に秘書がすること

よく出る ★★★

● **招待状の返事を書く。**
- 上司に確認し、出欠の返事をなるべく早く出す。
- 返信のはがきには、出欠にかかわらず、お祝いのひと言を添える。

● **上司の代理で出席するときは控えめな態度で。**
- 少し改まった服装（スーツ、ワンピース）で参加。
- 出しゃばらず、礼儀正しい言葉づかいを心掛ける。

招待を欠席するときは、電報を打つんだよ。

● **祝いの品を贈る。**
- 祝いの目的に合った品をリストアップし、上司に確認して手配する。
- 上司の参考になるような前例を記録した資料を用意する。
- 相手方に届ける日は、大安の午前中がよい。

● **電報（祝電）を打つ。**
- 電文や台紙は上司の意向や目的に合わせる。
- 電文を作成するときは、忌み言葉（「別れる」「薄れる」「離れる」など縁起の悪い言葉）を避ける。

〈電文例〉
「古希のお祝いを申し上げます。ますますのご健勝をお祈りいたします」
「ご結婚おめでとうございます。心よりお慶び申し上げます」

- 差出人の名前（社名入りか、上司名か）を確認し、必ず祝電扱いにし、日時を指定する。

慶事の服装

■ 午前・昼（日中）

男性	モーニング
女性	アフタヌーンドレス

■ 午後・夜（日没後）

男性	燕尾服、タキシード
女性	イブニングドレス

■ 和装

男性	黒羽二重の紋付羽織袴
女性	振り袖（未婚者）、留め袖（既婚者）

略式

男性	ブラックスーツ、ダークスーツ（スーツ以外はモーニングと同じ）
女性	ワンピース

●略式の服装

男性

- ブラックスーツかダークスーツ。
- ネクタイは、白、シルバーグレー、白黒縞のもの。
- シャツは白。
- 靴は飾りなしの黒、靴下も黒。

女性

- 昼はワンピース、ツーピースで、肌を露出させないもの。
- 夜は、ノースリーブのイブニングドレス。スーツの場合は、アクセサリーで華やかに。
- 時計、アクセサリー、バッグなどに「光り物」をつけてもよいが、できるだけ控えめに。

こんなときは？ 会社主催のパーティーで受付を頼まれたとき

 肌を露出した華やかなドレス

 受付の仕事をするので、普段より改まったスーツにします。

パーティーの知識

よく出る ★★★

パーティーの主な形式

ディナー・パーティー（晩餐会）	格式の高い集まりの宴席。食事はフルコース。服装や席次の指定がある。
ランチョン・パーティー（昼食会）	正午から午後2時ごろまで行われる。
カクテル・パーティー	アルコールが主体の立食形式。夕刻から始めて1〜2時間で終わる。食事は軽食。指定時間内であればいつでも入退場が可能。
カクテル・ビュッフェ	簡単な飲み物とオードブル程度の気楽な立食形式。

パーティーの服装

　格式や開始時刻、形式を考慮して決めます。ただし、招待状に「平服で」と書いてあっても、普段着で行くのは禁物。その場合は、男性ならダークスーツ、女性なら改まったワンピースやスーツで行きましょう。

【 パーティーでの心得＆マナー 】

●会場内で持つのは小さなバッグ程度で、あとはクロークに預ける。
●受付での芳名録に名前を書く際は、毛筆、サインペンどちらでもよい。
●上司の代理で出席するときは、芳名録に上司の名前を書き、下に（代）と書く。
●受付で祝儀袋を渡すときは、祝いの言葉とともに両手で差し出す。
●立食形式の場合、椅子があっても長く座らない。料理は皿いっぱいにとらない。
●遅れて入るとき、スピーチが行われているなら、途中入場は避ける。
●途中で退席する場合、主催者へあいさつはしなくてよい。

Check! 〇×問題　次のことが適当ならば〇、不適当ならば×で答えてください。

次は、秘書Aが先輩の結婚披露宴に上司とともに招待されたときに行ったことである。

① 先輩に仕事のことで伝言があったため、お祝いの言葉を述べに行った際、周囲にわからないように伝えた。

② 宴席は華やかで出席者も華やいでいるので、それに合わせて仕事をしているときとは違う振る舞いをした。

解答と解説

①＝×　②＝〇

仕事とは無縁の非日常の場である結婚披露宴で、周囲にわからないように伝えたとしても新婦（または新郎）に仕事の伝言をするのは不適当です。

練 習 問 題

1 秘書Aは上司から、子息の結婚披露宴で受付の手伝いをしてもらいたいと頼まれた。当日は仕事関係の人も多数出席するという。このような場合、Aはどのような服装で受付の手伝いを行うのがよいか。中から**適当**と思われるものを一つ選びなさい。

1) 受付が済めば結婚披露宴に出ることになるので、結婚披露宴に出るロングドレスがよい。
2) 受付は、とくに動かないので、結婚披露宴らしく振袖を着るのがよい。
3) 結婚披露宴でも上司から頼まれた仕事なので、オフィスでの普段の服装でよい。
4) 受付は事務的に仕事をしないといけないところなので、テキパキと動けるパンツスーツがよい。
5) 結婚披露宴の受付なので、それらしき雰囲気を出すため、コサージュを付けたスーツを着るのがよい。

2 次は秘書Aが会社の創立記念パーティーで受付を担当したときの来客への気配りである。中から<u>不適当</u>と思われるものを一つ選びなさい。

1) 遅れてきた客に、「始まっておりますので、後ほどご案内させていただきます」と言って少し待ってもらった。
2) 付けることになっている胸章を来客に付けるとき、「お付けいたしますが、こちらでよろしいでしょうか」と確かめた。
3) コートを持って会場に入ろうとした客に、「よろしければクロークをご案内いたしますが、いかがなさいますか」と尋ねた。
4) 招待状を出されて受け付けるとき、「いつもお世話になりましてありがとうございます」と日ごろの礼を言った。
5) 祝い金は受け取らないことになっていたので、「せっかくお持ちくださいましたのに、申し訳ございません」と言って断った。

[**解答と解説**]

1 の解答 5)

上司の子息の結婚披露宴を手伝うのです。仕事関係の人の出席もあるということですから、Aにとってはいわば仕事ということ。とはいっても、華やかな場なので服装はそれに合わせるのがよく、花飾り（コサージュ）を付けたスーツが適当です。

2 の解答 1)

創立記念パーティーへのお客様は、お祝いに来てくれています。したがって、いつ来てくれてもよいわけで、遅刻とか早退という考え方はありません。始まっているので、あとで案内するということは不適当です。

弔事のマナー

Point
★★★
● 訃報を知ったらすぐ上司に報告します。
● お別れのしきたりは宗教によって異なります。

訃報を受けたら

お悔やみ
申し上げます。

秘書が確認すべきこと

・逝去の日時。
・死因と経緯。
・通夜、葬儀、告別式の
　日時と場所。

・葬儀の形式 (宗教)。
・喪主の氏名、
　故人との関係、
　住所、電話番号。

弔事の際の手配と準備 ★★★

宗教により違いがあるので、手配するときは必ず確認をします。

● 供花（きょうか）・供物（くもつ）

祭壇に供えるものなので、通夜や葬儀の前日までに届くように手配します。なお、先方の都合もあるので、事前に確認してからにしましょう。

仏式	生花、花輪、果物、菓子、茶など
神式	生花、果物、酒、魚、榊 (さかき)など
キリスト教式	白系統の生花など

● 宗教別　不祝儀袋の上書き

宗教が分からないときは、どの宗教にも共通する「御霊前」とします。

仏式	「御香典」「御香料」「御霊前」
神式	「御榊料」「御玉串料」「御霊前」
キリスト教式	「御花料」「御霊前」

● 弔電（ちょうでん）上司が参列できない場合は、会社名で弔電を打ちます。

弔電の文例

○○様のご逝去を悼み、謹んでお悔やみ申し上げます。

○○様のご逝去を悼み、ご冥福をお祈り申し上げます。
┗━━ ご尊父様＝父、ご母堂様＝母、ご令室様＝妻、ご主人様＝夫

上司の代理で葬儀に参列するとき	・受付では、「このたびはご愁傷さまでした」と言葉をかける。 ・香典は「○○（上司）から預かってまいりました」と言って渡す。 ・記帳するときは、上司名の下に（代）と書く。

葬儀での作法

よく出る
★★★

仏式

●焼香（しょうこう）の仕方

1 遺族、僧侶に一礼したあと、焼香台前に立ち、祭壇に一礼する。

2 右手の親指、人さし指、中指で抹香（まっこう）をつまみ、目の高さまで押しいただいたあと、香炉にくべる。

3 遺影に向かって合掌して一礼し、祭壇を向いたまま数歩下がり、遺族と僧侶に一礼する。

神式

●玉串奉奠（たまぐしほうてん）の仕方

1 神官より玉串の枝先を左手で下から、根元を右手で受け取り、神前に進む。

2 台（玉串案）の前で一礼し、玉串の根元が手前に来るよう時計回りに90度回転させる。

3 手を持ち替え、左手で根元、右手で葉先を持つ。時計回りに180度回転させ、葉先が手前に来るようにして台に置く。

4 二礼二拍手（音を立てないしのび手）をし、一礼。下がって遺族と神官に一礼する。

キリスト教式

●献花（けんか）の仕方

1 花が右、茎が左になるよう受け取り、献花台へ進む。

2 献花台の前で一礼し、右手を手前に引いて茎を献花台に向け、そのまま両手で花を献花台に置く。

3 黙祷したあと祭壇に一礼する。

服装

[通夜] 「急ぎ駆けつけた」ということで平服でもかまいませんが、男性は必ず黒いネクタイをし、女性も地味なスーツかワンピースが適しています。

[葬儀・告別式]

男性
正式にはモーニングだが、ブラックスーツに黒ネクタイ、シャツ以外は黒で統一。

女性
黒のスーツか喪服。アクセサリーは、結婚指輪と一連の真珠のネックレス以外はNG。靴やバッグは黒で光沢のないものに。

弔事への対応

上司の家族の訃報

社内外へ連絡	上司の関係者に通夜、葬儀の連絡をする。
葬儀の手伝い	上司の家族や葬儀委員長の指示に従い、受付などを手伝う。
上司の休み中の対応について	休み中の業務について、上司の代理人と打ち合わせを行う。

社葬

会社で地位の高かった人や、功績のあった人が亡くなった際に、会社が葬儀をすること。葬儀執行は総務部が責任部署となって行い、葬儀費用も会社が負担します。

弔事用語

逝去（せいきょ）	人が亡くなること。
弔辞（ちょうじ）	葬儀のとき故人を惜しんで述べる慰めの言葉。
会葬（かいそう）	葬儀に参列すること。参列する人は会葬者。
喪主（もしゅ）	葬儀を行うときの代表者。
弔問（ちょうもん）	死者の霊にあいさつし、遺族にお悔やみを述べるための訪問。
喪章（もしょう）	死を悼む気持ちを表すために身につける黒いリボンや布。
香典返し（こうでんがえし）	いただいた香典に対する返礼の品物。
喪中（もちゅう）	喪に服している期間（一年間）。忌中は四十九日まで。
一周忌（いっしゅうき）	亡くなって1年後の命日。または、そのとき行う法事のこと。
初七日（しょなのか）	死後7日目。または、そのときに行う法事のこと。
お布施（おふせ）	葬儀や法事の際に僧侶に渡すお礼。
法要（ほうよう）	故人の冥福を祈る行事。
忌明け（きあけ）	喪に服する期間が終わったこと。

Check! ▶ ○×問題　次のことが適当ならば○、不適当ならば×で答えてください。

上司の出張中に取引先の部長が亡くなったため、出張先の上司に確認した内容である。

① 告別式への代理参列は課長に頼むか。

② 弔電は、会社からのものとは別に、上司の個人名でも手配するがよいか。

解答と解説

①＝○　②＝×

弔電は会社名で打つのが一般的なため、会社名とは別に個人名で打つ必要はありません。

練習問題

1 次は、秘書 A が上司の代理で告別式（仏式）に参列したときに行ったこと。中から不適当と思われるものを一つ選びなさい。

1) 会葬者芳名録に記帳するように言われたので、上司の名前を書き、その下に（代）と書いた。
2) 受付でふくさから香典を出して渡すとき、「このたびはご愁傷様でした」と言った。
3) 焼香のあとすぐに会社に戻ることになっていたので、出棺を待たずに式場を出た。
4) 顔見知りの取引先の人と出会ったので、世話になっていると日ごろの礼を言った。
5) 洋服は黒色のスーツにし、アクセサリーは真珠のネックレスで一連のものにした。

2 次は、弔事に関する用語とその意味の組み合わせである。中から不適当と思われるものを一つ選びなさい。

1) 喪主　＝　葬式を行う名義人のこと。
2) 遺族　＝　死者の家族のこと。
3) 会葬者　＝　葬儀を行う葬儀社の担当者のこと。
4) 一周忌　＝　死んだ年の翌年の命日に行う、冥福を祈る行事のこと。
5) 弔辞　＝　葬儀のとき述べる、死者へのお悔やみの言葉のこと。

[**解答と解説**]

1 の解答 4)

告別式は、儀式で死者に別れを告げる厳粛な場であり、式に必要なこと以外のことをするような場ではありません。したがって、顔見知りの人に出会っても会釈程度をすればよく、世話になっていると日ごろの礼を言うなどは不適当です。

2 の解答 3)

「会葬者」とは、葬儀に参列する人のことです。

贈答のマナーと上書き

Point
★★★
- 贈答品は、目的や相手との関係、予算を考えて選びましょう。
- 現金を包むときは、用途に応じて袋・水引を選び、上書を書きます。

贈り物の知識

お中元
- 地域により異なるが、7月初めから15日までに贈るのが一般的。
- 7月16日〜立秋（8月8日ごろ）までは「暑中御見舞い」、立秋を過ぎたら「残暑御見舞い」に。

お歳暮
- 12月初旬から12月20日ころまでに贈る。

結婚祝い
- 知らせを受けたら、できるだけ早く贈る。
- 持参する際は吉日の午前中に。

結婚記念日の祝い
- 人を招待して祝うのは25周年の「銀婚式」、50周年の「金婚式」が多い。

覚えておきたい！ 六曜（ろくよう）

六曜は暦に記載される方角や運命などの事項で、冠婚葬祭の儀式に重んじられます。

友引	朝夕は吉、正午は凶。「友を引く」ことから葬式は避ける。
仏滅	何事にも凶とされている。
大安	何事にも吉とされ、結婚式の日取りに選ばれやすい。

賀寿（がじゅ）（長寿の祝い）
- 相手の趣味に合うものを贈る。

還暦（かんれき）	満60歳
古希（こき）	70歳
喜寿（きじゅ）	77歳
傘寿（さんじゅ）	80歳
米寿（べいじゅ）	88歳
卒寿（そつじゅ）	90歳
白寿（はくじゅ）	99歳

落成式・記念式のお祝い
- 招待状を受け取ったらすぐに返事を出して、祝いの品を届ける。
- 酒や花瓶を贈ることが多い。

病気見舞い
- 面会時間を確認する。
- 相手の家族に見舞いに行ってよいか聞く。
- 長居はしない。
- 上司からの伝言は、しっかり伝える。
- タブーのお見舞い品（目上の人への現金、色や香りの強い花、「根づく」を想像する鉢植え、「死」「苦」を連想するシクラメン、食べ物など）は避ける。

現金を贈るとき

 よく出る ★★★

用途別に袋と水引を選ぶ

紅白のちょう結び

一般の祝い事

紅白または金銀の結び切り

結婚祝い

白黒または銀白の結び切り

弔事

水引なし

病気見舞い

現金の包み方

- 中袋の表中央に金額を記入、裏左下に住所・氏名を書く。
- 慶事は濃い墨で、弔事は薄墨で書く。
- 慶事の場合、新札を用意する。
- 中包を上包みする。

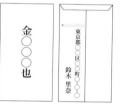

金〇〇〇〇也

東京都〇区〇町〇〇〇 鈴木 里奈

折り返し

慶事は下側が上

弔事は上側が上

●上書きの種類

	上書き	用途
慶事	御祝	・開店、開業、落成（竣工）、栄転、就任、新築、入学など、慶事一般。 ・「祝御〇〇」「御〇〇祝」など、お祝いすることを書く。ただし、賀寿の祝いは「祝〇〇」「〇〇御祝」にする。 例）祝御開業、御栄転祝、入学御祝、祝還暦、傘寿御祝
	寿	・結婚、出産、賀寿などのお祝い、そのお返し
	内祝	・家内の慶事。慶事、病気見舞いへのお返し
	御祝儀	・慶事の際の心づけ
弔事	御霊前	・宗教を問わず使える
	御香典、御仏前	・**仏式**／通夜、葬儀・告別式、法要（四十九日）までは「御霊前」、その後は「御仏前」
	御玉串料、御神前	・**神式**／通夜、葬儀・告別式、御霊祭（みたままつり）
	御花料	・**キリスト教式**／葬儀、追悼式、記念式
	志	・香典返し
	御布施	・僧侶へのお礼
その他	御見舞	・病気見舞い、災害見舞いなど。 ・「〇〇御見舞」など、お見舞いすることを書く。 例）火災御見舞、震災御見舞
	謝礼、薄謝、御礼	・一般のお礼。目下への謝礼は「寸志」。 御餞別、記念品、転勤や送別会。

記名のしかた

個人の場合

中央にフルネームを
墨で書く。

連名の場合（3名まで）

目上（上位者）

右から左へ目上者から順
に氏名を並べて書く。

宛て名を書くときは目上者を
左から順に書く。

部署で出す場合

「秘書課一同」などと
所属名を書く。

社名を入れる場合

中央に氏名、その右側に
会社名を書く。

名刺を貼る場合

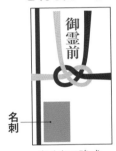

名刺

あくまで略式。
中央は避けて、
左下に貼る。

★慶事の上書き・記名は濃い黒で、弔事の上書き・記名は薄黒で書く。

Check! ○×問題　次のことが適当ならば○、不適当ならば×で答えてください。

次は、祝儀袋の記名の仕方についての説明である。

① 表面に贈る相手の名前を書く場合
　は右上に書く。

② 記名は水引の下の中央に、濃い墨
　で書く。

解答と解説

① ＝ ✗　　② ＝ ○

表面に贈る相手の名前を書く場合は左上に書き、連名の場合は上位者を左か
ら順に書きます。

練 習 問 題

1 次は、秘書Aが上司から贈り物について言われたとき、答えたことである。中から<u>不適当</u>と思われるものを一つ選びなさい。

1）行きつけのP店が改装した祝いに何か贈っておきたいと言われたので、ランの鉢植えがよいのではないかと答えた。
2）恩師に古希の祝いを贈りたいと言われたので、高齢なので現金がよいのではないかと答えた。
3）Aの同僚Cに出産祝いを贈ってもらいたいと言われたので、希望を聞いてみると答えた。
4）交通事故で入院している部下へ見舞いをしておいてもらいたいと言われたので、果物を届けるのがよいのではないかと答えた。
5）選挙に当選した友人Hに何か贈りたいと言われたので、お酒がよいのではないかと答えた。

2 次は、秘書Aが上司から指示されて現金を包んだときに書いた上書きである。中から<u>不適当</u>と思われるものを一つ選びなさい。

1）家を建てた上司の知人への祝いに、「祝御新築」
2）入院した取引先の人への見舞いに、「祈御全快」
3）取引先の新社屋披露パーティーに持っていく祝いに、「御祝」
4）社員研修をしてもらった講師への礼に、「金一封」
5）結婚退職する女性社員への祝いに、「寿」

[**解答と解説**]

1 の解答 2）

一般的にお祝いとして、目上の人に現金を贈ることは失礼にあたります。また、古希などの祝いには、記念品のようなものを贈るのが普通です。したがって、高齢なので現金がよいというのは不適当です。

2 の解答 4）

「金一封」は、賞金や寄付金などで現金を贈るとき、金額をあからさまにしない場合の上書きです。社員研修の講師への礼では、「謝礼」「薄謝」などが適当。

✽言葉づかい

1 秘書Aは出社した上司に「おはようございます」と言っているが、次のようなときは、その後どのように言うのがよいか。適切な言葉を「　　」内に答えなさい。

1) 前日、上司が体調不良で早く退社したとき。
「　　　　　　　　　　　　　　　　　　　　　　　　　　　　　　　」

2) 前日、上司に食事をごちそうになったとき。
「　　　　　　　　　　　　　　　　　　　　　　　　　　　　　　　」

3) 前日、上司が出張していたとき。
「　　　　　　　　　　　　　　　　　　　　　　　　　　　　　　　」

2 秘書Aの上司（鈴木部長）が外出中、不意の来客があった。この場合Aは次の「　　」内のことをどのように言えばよいか。それぞれの下線部分を、来客に言う丁寧な言葉に直して答えなさい。

1)「上司が戻ったら、電話をするように　伝える」
　　　　a　　　　　　　b　　　　　　　c

2)「代わりに佐藤課長が　話を聞くということでは、どうか」
　　　　a　　　　　　　b　　　　　　　　　　c

3)「支障がなければ、用件を聞かせてくれないか」
　　　　a　　　　　　b

3 次の「　　」内は秘書Aが、寄付を依頼にきた人に言おうとしたことである。これを、意味を変えずに丁寧な言い方に直しなさい。

「その寄付のことだったら、前に言った通り、断るように言われている。すまないが、帰ってくれないか」

4 秘書Aは次のようなとき、用件に入る前に相手を気遣って「　　」内の言葉を言うようにしている。中の下線部分に適切な言葉を答えなさい。

1）部下と打ち合わせ中の上司に電話を取り次ぐとき
「＿＿＿＿＿＿＿＿＿＿＿＿　失礼いたします」

2）呼び出して、相手に電話口まで出てもらったとき
「＿＿＿＿＿＿＿＿＿＿＿＿　いたしまして、申し訳ございません」

3）休日に上司の自宅に電話をかけたとき、上司に
「＿＿＿＿＿＿＿＿＿＿＿＿　いたしまして、申し訳ございません」

✿ 来客応対

5 次の言葉を、下線部分ごとに意味を変えずに、お客様に言う丁寧な別の言葉に直して答えなさい。

1）後でこっちから　電話する
　　　a　　　　　　b

2）わかった。　戻ったら伝えておく
　　a　　　　　　b

3）何でも　言いつけてくれ
　a　　　　b

4）その資料を　見てもいいか
　　a　　　　　b

6 秘書Aの上司のところに、予約のない客が訪ねてきた。次はこのときの応対の一部である。下線部分に入る適切な言葉を、（　　）内の指示に従って答えなさい（答えは重複しないようにすること）。

来客：「鈴木部長はいらっしゃいますか」
秘書A：「＿＿＿①＿＿＿　部長の鈴木は＿＿＿＿②＿＿＿＿」
　　　　（悪いが鈴木部長は今日外出していると言うときの言葉）

来客：「実は、書類をもらいに来たのですが、おわかりですか」
秘書A：「＿＿＿③＿＿＿。私には＿＿＿＿④＿＿＿＿ので、聞いて参ります」
　　　　（すまない。自分にはわからないと言うときの言葉）

7 次の3つのケースについて来客の見送り方のポイントを答えなさい。

1) 受付で来客を見送るとき　　2) エレベーターに乗る来客を見送るとき
3) 車で帰る来客を見送るとき

8 秘書Aの上司のところへ不意の来客があった。初めての客である。このような場合の、①客に確認することを3つ答えなさい。また、②上司へどのように対応すればよいか答えなさい。

9 秘書Aの上司が外出中、取引先の人が仕事のことで相談があると言って不意に訪れた。上司はあと45分ほどで戻る予定。その後に予定は入っていない。このような場合Aは、取引先の人にどのようにしてもらうことになるか、考えられる対応を箇条書きで三つ答えなさい。

✳ 電話応対

10 次の場合秘書Aは、「　　」内のことを取引先にどのように言うのがよいか。適切な言い方を答えなさい。

1) かけてきた電話が途中で途切れたのでかけ直したとき
　「さっきは電話が途中で切れて、失礼した」
2) 上司（鈴木部長）が会議中に電話がかかってきたとき
　「上司は会議中だが、どうするか」
3) かかってきた電話の用件がわからなかったとき
　「すまないが、私にはわからないので担当に代わる」

11 企画部長秘書Aが電話を取ったところ、用件は営業部が担当する内容だった。そこで営業部へ電話を回すことにしたが、この場合電話の相手に「申し訳ございません。こちらは企画部でございます。」と言ったあと、どのように言えば良いか。丁寧な言葉で「　　」内に答えなさい。

「　　　　　　　　　　　　　　　　　　　　　　　　　　　　　」

✿ 席次のマナー

12 部長秘書Ａは、部長と課長が出張するとき二人に同行することがある。このような場合の適切な席次を、それぞれ（　　）内に①部長　②課長　③秘書Ａの番号を書き入れなさい。

1）新幹線

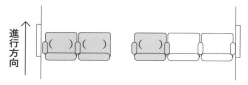

2）レストランの個室

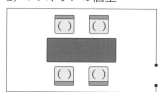

13 秘書Ａは上司（部長）と課長に同行して取引先の工場に出掛けた。帰りに工場長が運転する車で駅まで送ってくれるという。このような場合、①部長、②課長、③秘書Ａは右図のどの席に座るのが適切か。（　　）内に数字を書きなさい。

✿ 慶事のマナー

14 秘書Ａの上司（人事部長）は、今年 60 歳を迎えた。そこで人事部全員で贈り物をすることになった。下の図は贈る品に付ける紙である。次のそれぞれについて答えなさい。

1）図の紙のことを何というか。
2）年齢がわかる上書きの言葉を書きなさい。
3）贈り主名を書きなさい。

15 次の人に金品を贈るとき、祝儀袋の上書きはどのように書けばよいか。それぞれ□内に漢字一文字ずつ書き入れて答えなさい。

1）独立して事務所を開く上司の友人へ　□□御祝
2）概算で支払う交通費を社員研修の講師へ　御□□
3）結婚する会社の先輩へ　□

16 次の人へ祝いの金品を贈るとき、祝儀袋またはのし紙の上書きはどのように書けばよいか。「御祝」以外の上書きを漢字で（　）内に書きなさい。

1）家を建てた人へ　　　（　　　　　　　　　　　　　　）
2）77歳を迎える人へ　　（　　　　　　　　　　　　　　）
3）昇進して転勤する人へ（　　　　　　　　　　　　　　）

✳ 弔事のマナー

17 次の「　」内は、お母様が亡くなった人への弔電の文例である。（　）内にそれぞれどのような言葉を入れればよいか。その言葉を答えなさい。

「（　　a　　）様のご逝去を悼み、謹んで（　　b　　）申し上げますとともに、（　　c　　）ご冥福を（　　d　　）いたします」

18 秘書A（㈱XY秘書課勤務）の同僚Mの家族に不幸があり、秘書課全員で香典を出すことになった。葬儀の形式はわからない。このような場合、不祝儀袋はどのような上書きのものを選べばよいか。次の中から一つ選び、下の不祝儀袋の点線枠内（A）に番号で答えなさい。また、香典を供える人たちの名前はどのように書けばよいか。点線枠内（B）に記入しなさい。

【上書き】
1．御仏前
2．御神前
3．御香料
4．御霊前
5．御花料

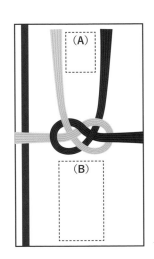

1 1) お体（の具合）はもうよろしいでしょうか。お加減はいかがでしょうか。
　　2) 昨日はごちそうさまで（ございま）した。
　　　昨日は（ごちそうになりまして）ありがとうございました。
　　3) ご出張おつかれさまで（ございま）した。

---

2 1) a．鈴木が戻りましたら　　b．お電話を差し上げるように
　　　c．申し伝えます
　　2) a．代わりに課長の佐藤が　　b．お話を伺うということでは
　　　c．いかがでしょうか
　　3) a．お差し支えなければ　　b. ご用件をお聞かせくださいませんでしょうか

---

3 その寄付のことでしたら、以前申し上げました通り、お断りするように申し付かっております。申し訳ございませんが、お引き取りくださいませんでしょうか。

---

4 1) お話し中・お打ち合わせ中　　2) お呼び立て
　　3) ご自宅までお電話・お休みのところお電話

---

5 1) a．後ほどこちらから　　b．お電話を差し上げます
　　2) a．承知いたしました　　b．戻りましたら申し伝えます
　　3) a．何なりと　　　　　　b．お申し付けください
　　4) a．そちらの資料を　　　b．拝見してもよろしいでしょうか

---

6 ①あいにく　　　　　　　　②本日外出（いた）しております
　　③申し訳ございません　　④わかりかねます

---

7 1) 立ち上がり、お辞儀をして見送る。
　　2) エレベーターのドアが閉まり、動きだすまでお辞儀をして見送る。
　　3) 車が動くときにお辞儀をし、車が見えなくなるまでその場で見送る。

---

8 **① 客に確認すること**
　　　1．氏名と会社名　　2．用件　　3．面談の予約はしてあるか
　　（他に、紹介者はいるか、名刺をもらえるか、など）
　　② 上司への対応
　　　①で確認したことを報告し、会うかどうか確認する。

9 ① 時間があるのなら、上司が戻るまで待ってもらう。
　② 代理の者で用が足りるなら、その者に会ってもらう。
　③ 45分後に改めて来てもらう。
　[**解説**] 解答例の他に、「あとで電話すると言って、引き取ってもらう」など。

10 1) 先ほど電話が途中で切れてしまいまして、失礼いたしました。
　2) あいにく鈴木は会議中でございますが、いかがいたしましょうか。
　3) 申し訳ございませんが、私にはわかりかねますので担当と代わります。

11 その件につきましては営業部が担当しておりますので、そちらへお電話をお回しいたします。少々お待ちいただけますでしょうか。

12 1) 新幹線　　　　　　　　　　　　　2) レストランの個室

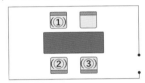

チケットの関係で、2人掛けの2席と通路を挟んだ3人掛けの通路側の1席に分かれてしまう場合は、3人掛けの通路側が下座で秘書の席となります。

13

[**解説**] 一般的に車の運転席の隣は下座になりますが、この場合は、工場長に敬意を表して部長が隣に座るのがよいことになります。

14 1) 熨斗紙※・懸け紙　　2) 還暦御祝・祝還暦　　3) 人事部一同
※「のし紙」でもよいですが、できるだけ漢字で書きましょう。

15 1) 開業　　2) 車代　　3) 寿

16 1) 新築御祝・祝御新築
　2) 喜寿御祝・寿
　3) 栄転御祝・御餞別

17 a．御母堂　　b．お悔やみ
　　c．心から　　d．お祈り

18

(A)
4

(B)
株式会社XY
秘書課一同

実技編

Part ⑤

技能

試験での出題は

35問中**10問**
（5択問題➡8問／記述➡2問）

会議と秘書の役割

Point
★★★
- ●会議に際して、秘書が行う仕事を把握しておきましょう。
- ●上司が主催する会議かどうかで準備が異なります。

会議の準備 ★★★

よく出る

上司主催の会議

1 参加者をリストアップ。
上司の指示を受けて、参加予定者をリストにし、上司に確認してもらう。

2 会場選び。
- ●会議の目的に対応できる会場を選ぶ。
- ●社外で行うときは、予算、場所、備品などを上司から聞き、会場候補を挙げて上司に確認、了解を得て予約をする。

3 資料の準備など。
- ●必要資料を確認し、準備をする。
- ●通知状に添付する資料があれば作成をする。

4 開催通知の作成と発送。
開催通知状を作成、参加予定者に発送し、出欠の確認をする。

開催通知の項目に入れるもの

- ●会議の名称
- ●開催日時
  （開始時刻と、終了予定時刻）
- ●開催場所
  （会場名、住所、電話番号、地図など）
- ●議題
- ●出欠の連絡方法と締め切り日
- ●主催者名と連絡先
- ●駐車場や食事の有無
- ●その他、資料など

上司がメンバーとして出席する会議

1 出欠の確認。
- ●上司に出欠を確認し、出欠の連絡をする。
- ●出席の場合はスケジュールに入れる。

2 手配。
会費や資料の手配、会場までの交通手段などの確認を行う。

3 開催日の前日に上司に再確認。

> 秘書は、上司の指示に従い、確認しながら準備を進めよう。

上司に確認すること

- 会議中の食事・茶菓の接待は必要か。
  出す場合、回数と時間。
- 会議中の電話の取り次ぎはどうすべきか。
- 議事録作成の有無、必要なら作成者の手配。
- 宿泊手配の有無。
- 社外の人を招く場合の名札の有無、席順。
- 会場入口に表示する会議名。

> 上司が主催する会議で、社外の人へ通知する場合、通知状は1カ月前には出すこと。社内の人が対象の会議は、メールや電話などで知らせよう。

会議中、会議後の仕事

よく出る ★★★

会議中、記録をとる場合は、録音だけに頼らず、発言者名や発言内容をメモしておくと、後で確認するときに役立ちます。また、会議終了後も、参加者のお見送りや会場の後片付けという仕事があります。

会議直前、会議中の仕事

□ <u>出欠状況を上司に報告</u>
参加者リストに基づいて、出欠の確認。開催時間が迫っても来ていない参加者には電話で向かっているかを確認する。

□ <u>会場の管理</u>
冷暖房の調整や換気に気を配る。また、参加者から預かったものをしっかり保管する。

□ <u>お茶などのサービス</u>
事前に打ち合わせた時間に飲み物や茶菓を出す。

□ <u>記録を取る</u>
上司の指示があれば、議事録を取り、後日まとめる。

議事録に記すこと

- 会議名、開催日時、場所
- 主催者名、議長名、司会者、参加名（参加人数、欠席者名も）と欠席者名
- 議題、発言者とその内容
- 決議事項または結論
- 議事録作成者名

会議終了後の仕事

□ <u>参加者への対応</u>
車で帰る人には車の手配をし、預かったものを渡す。また、会議中に受けた伝言を忘れずに伝える。忘れ物がないか確認をする。

□ <u>会場の後片付け</u>
備品を片付け、机や椅子を元通りにする。火の始末、冷暖房や照明のスイッチを切り、戸締りをする。

□ <u>管理者への対応</u>
会議室の管理者に終了報告をして、必要であれば費用の精算をする。

会場の主なセッティング形式

目的、人数に応じてテーブルや椅子を配置します。　　　■ はリーダーの席

●**自由な雰囲気の会議に適しているが、20人くらいが限度。**

円卓式

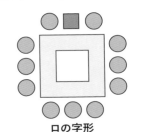

ロの字形

丸いテーブルがない場合は、
四角い机を合わせて
正方形のようにして、
周囲にいすを並べよう。

●**プロジェクターやビデオを使用する研修会議でよく使われる。**

ホワイトボードまたはスクリーン

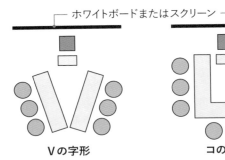

Vの字形

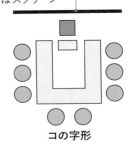

コの字形

会議でスクリーンが
見やすいのは「Vの字形」。
人数が多いときは「コの字形」
にするといいよ。

●**参加者が多いときや、一方的な情報伝達を行う会議に適している。**

ホワイトボードまたは黒板

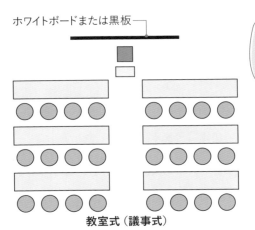

教室式（議事式）

プロジェクター、ビデオ、マイク、
ポインター（レーザー光の指し棒）の用意、
消耗品のチェックや補充なども、
事前にしっかり確認しよう。

会議の知識

会議の種類

説明会議 （連絡会議）	リーダーや担当者が必要事項を伝達するもの。質問してもよいが議論はなし。
問題解決会議 （意思決定会議）	問題への最善策を得る意思決定のための会議で、取締役会がこれにあたる。
研究会議	出席メンバーの情報交換と相互啓発が目的。
研修会議 （教育・訓練会議）	技能の習得や相互啓発を目的としたもの。
アイデア会議	アイデアを集めるのが目的。

会議形式

円卓会議	自由に話し合う会議。席次を気にせず、円卓を囲む。20人ぐらいが限度。フリートーキングともいう。
パネル・ ディスカッション	意見が異なるパネリストが、聴衆の前で討論する。その後、聴衆から意見や質問を受ける。視野の広い見解を求めたり、互いの知識を広げたりする会議に適している。
シンポジウム	公開討論会。あるテーマについて数人の専門家が、それぞれの立場で意見を発表し、聴衆と質疑応答する形式。学術会議に多い。
フォーラム	公開討論会。一つの話題を中心に、参加者全員で意見交換する。
バズ・セッション	直訳すると「ガヤガヤ会議」。参加者が小グループ（6〜12人）に分かれ、テーマに基づいて話し合った後、各グループの代表が意見を発表する。
ブレーン・ ストーミング	参加者が自由に意見やアイデアを発表する。ただし、他人の意見やアイデアの批判はしないのがルール。商品名やキャッチフレーズを決定する際によく使われる。

> 会議中の電話は取り次がないよう言われても、
> 緊急の場合はメモを渡し、取り次ぐこと。

会議用語

招集（召集）	会議のための出席者を集めること。※「召集」は国会のみ使われる。
議案	会議で審議・決定する事項のこと。複数の議案がある場合、「第1号議案」などと番号付けがされる。
府議（ふぎ）	議案を会議にかけること。
定足数（ていそくすう）	会議成立のために必要な最低人数。定足数に満たないと、会議は成立しない。
動議（どうぎ）	会議中、予定外の議案を議事として取り扱うよう言い出すこと。
採決（さいけつ）	議案の可否を決定すること（議決ともいう）。出席者の挙手、起立、投票などの方法で行われる。※票決は投票によって決まるもの。
採択（さいたく）	議案や意見などを採り上げて受け入れること。
諮問（しもん）・答申（とうしん）	諮問は、上位者（組織）が、下級者（組織）や学識経験者に意見を求めること。答申は、それに対する回答。
分科会	全体会議の下に設けられた専門ごとの小会議のこと。小委員会ともいう。
一事不再議（いちじふさいぎ）の原則	一度、会議で決まったことは、その会期中に再度審議しないという原則。
オブザーバー	会議に出席を許されていて、発言権はあるが議決権はない傍聴人。会場の後ろの方に座る。
キャスティングボート	議案の採決の際に、賛成、反対が同数になった場合、議長が投票することができる権利。または、その票。

Check! ◯✕問題　次のことが適当ならば◯、不適当ならば✕で答えてください。

秘書Aは、上司主催で取引先の人を招いて行う会議の準備をすることになった。

① 会議中、参加者が社外と連絡をとりやすいように、通知状に会議室の内線番号を記載した。

② 会議資料は、通知状に同封するか当日配布するかを上司に確認した。

①＝✕　②＝◯

会議中に電話が鳴ると参加者が会議に集中することができず迷惑となるため、通知状に会議室の内線番号を記載するのは間違いです。電話は秘書が受け、メモで知らせるのが一般的。

練習問題

1 秘書Aの上司は、取引先十数社から担当者を招いて上司主催の会議を開いた。次はそのときAが行ったこと。中から<u>不適当</u>と思われるものを一つ選びなさい。

1) 自分が顔見知りの出席者には、「お忙しいところ本日はありがとうございました」とあいさつをした。
2) 開始時刻に遅れて来た出席者は、遅れが何分までなら会場に入れてよいかを上司に確認した。
3) 開始時刻近くになってもまだ来ていない出席予定者の会社に、会社を出ているか確認の電話をした。
4) 開始時刻直前になってもまだ来ていない出席予定者を、会社名とともに上司に知らせた。
5) 資料は事前に送付したものを持ってきてもらうことになっていたが、忘れてきた人には用意しておいたものを渡した。

2 次は、会議に関する用語とその説明の組み合わせ。中から<u>不適当</u>と思われるものを一つ選びなさい。

1) 動　議　＝　会議中に予定された以外の議題を出すこと。
2) 定足数　＝　会議成立のために必要な、最低限の出席人数のこと。
3) 議　案　＝　会議で審議・決定する事項のこと。
4) 採　択　＝　議案や意見などを正式に採り上げること。
5) 諮　問　＝　その会議でわからないことを上位の機関に尋ねること。

[**解答と解説**]

1 の解答 2）

取引先を招いての会議です。遅れてくる人があったとして、その人を会場に入れないということはあり得ないため、上司に確認することはありません。

2 の解答 5）

「諮問」（しもん）とは、重要事項を決定するときなどに決定に先立って、付設の委員会などに専門的な意見を求めること。

社内文書の書き方

Point
★★★
● ビジネス文書は、「1文書1件」が原則です。
● 社内文書には、頭語、結語、時候のあいさつは必要ありません。

ビジネス文書

社内 文書

社内で交わされる文書。本店と支店、各営業所間、経営幹部から各部署、社員への告知や連絡などでやりとりされます。

社外 文書

取引先など、社外に向けた文書。会社を代表して出す文書なので、内容によっては会社のイメージを左右するほどの影響力があります。

◉ 1つの文書に、いくつもの案内やお知らせなどを書いてはいけません。ビジネス文書の原則は、「1文書1件」。これは、文書を管理する際に、不都合が起こることを防ぐためです。

よく出る

社内文書作成のポイント ★★★

社内文書は、「文章は短く」が基本です。以下のような社内文書の特徴を理解し、形式に沿って文書を作成しましょう。

☐ **横書きで作成。**
　ビジネス文書は横書きが原則です。

社内文書は、正確&簡潔が第一！
社内の人向けだから、あいさつは省略し、丁寧な表現はほどほどに。

☐ **文章は、簡潔に要点をまとめる。**
　主語や述語を明確にさせ、正確かつ簡潔にまとめます。

☐ **頭語・結語および時候のあいさつは省略する。**
　「前略」「拝啓」などの頭語、「早々」「敬具」などの結語は使いません。
　また、「早春の候」「暑さ厳しい折」などの時候のあいさつも省略します。

☐ **丁寧な言い回しは最小限にする。**
　です、ます調を用い、丁寧な表現は控えます。
　「～いたします」→「～します」　「～ございます」→「～です」
　「お願い申し上げます」→「お願いします」

☐ **数字は算用数字が基本。**
　数量、金額、番号は、「1」「2」「3」……の算用数字にしますが、
　固有名詞や概数（数百、数億など）、成語（一般、四季など）は漢数字にします。

① 文書番号
正式な文書には付ける。

② 発信日付
一般的には元号だが、西暦も使う。

③ 受信者名
誰に向けての発信かを記す。個人名ではなく役職名にする。多数に出す場合は、「各位」「関係者各位」などにする。

④ 発信者名
個人名でなく、責任者の役職名にする。

⑤ 表題（件名）
内容を簡潔に明記。（　　）内に（案内）（お願い）などの性質を入れる。

⑥ 本文

⑦ 記（記書き）
中央に「記」の文字を入れ、下に日時や内容を箇条書きなどにして記す。

⑧ 追記
注意事項などの補足を書く。

⑨ 添付資料
地図や表などの資料があれば、内容と枚数を記す。

---

　　　　　　　　　　　　　① 人事部発１２３４５号
　　　　　　　　　　　　　② 令和３年８月１０日

③ 秘書室長殿
　　　　　　　　　　　　　④ 人事部長

　　　　　　⑤マナー研修会の開催（案内）

⑥ 標記について下記の要領で開催いたしますので、ご参加ください。

　　　　　　　　　　　⑦ 記
１．日時　　９月１日（水）　午後２時～３時
２．会場　　○○センタービル３２階　　Ａルーム
３．内容　　接遇マナーの研修（講師：○○○○先生）
４．定員　　２０名

⑧ なお、定員になり次第、申し込みを締め切ります。

⑨ 添付資料：研修会場案内図　１枚
　　　　　　　　　　　　　　　　　⑩ 以上

⑪ 担当：総務部　内藤Ｅ子
　　　　（内線３３０８）

---

⑩ 以上
最後に必ず書く。

⑪ 担当者名（連絡先）
部署名、氏名、内線番号などの連絡先を書く。

社内文書の種類

報告書	出張報告書、調査報告書など事実や経過を報告するもの。
稟議 (りんぎ) 書	案件について、上位者の決裁や承認を仰ぐ文書。
通知文	会社の上層部で決定した事項を知らせる文書。
案内文	お知らせなど情報を伝えるための文書。

この他にも、関係部署に回していく「回覧文書」、上役に意見を述べる「上申書」、自分の過失を謝罪する「始末書」なども、社内文書だよ。

こんなときは? __文書番号と発信日について__

- ●文書番号は、すべての社内文書に記す。
- ●発信日は、文書を作成した日にちを書く。

- ●**文書番号は、重要でないものには付けない。**保存・整理するために必要なものなので、その必要のない文書には入れなくてよい。
- ●発信日は、案内や告知など、発信当日の年月日を書く。

Check! ▶ ○✕問題　次のことが適当ならば○、不適当ならば✕で答えてください。

次は、社内文書の書き方についての説明である。

① 発信日付は、年は書かずに月日だけ書く。

② 担当者名は、「以上」を書いた後に書く。

解答と解説

①=✕　②=○

発信日付は、元号(令和など)か西暦を入れます。

練習問題

1 秘書Aは後輩Mから「上司（人事部長）の指示で各部長宛ての連絡文書の原稿を作った。直した方がよい箇所があれば教えてほしい」と言われ、下の文書を渡された。次は、AがMに直すように言ったこと。中から<u>不適当</u>と思われるものを一つ選びなさい。

> ❶令和2年11月2日
>
> ❷部長殿
>
> ❸人事部長
> 田中　一郎
>
> 社員研修会開催（通知）
>
> ❹入社5年目の社員を対象に、11月11日（水）〜11月13日（金）まで、本社6階会議室で行います。該当者にご連絡ください。
>
> 担当　　秘書M
> ❺以上

1) ❶の発信日付は、社内文書なので書かなくてよい。
2) ❷の発信者は、「部長各位」とするのがよい。
3) ❸の発信者名は、役職名の「人事部長」だけでよい。
4) ❹の本文は、簡潔に箇条書きにするのがよい。
5) ❺の「以上」は、「担当」の上に書くのがよい。

2 次は、秘書Aが最近作成した文書。文書の最後に「以上」と書かないものがある。中から**適当**なものを一つ選びなさい。

1) 社外の人を招いて行った会議の議事録。
2) 取引先へ送るカタログの送付状。
3) 上司が世話になった出張先への礼状。
4) 自分が受けた研修の受講報告書。
5) 上司の不在中に受けた電話の伝言メモ。

[**解答と解説**]

1 の解答 1）

発信日付は文書内容の根拠の一つですから、どのような文書でも書かないといけません。社内文書だから書かなくてよいということはないのです。

2 の解答 3）

「以上」は、ビジネス文書で連絡や報告、説明はここまでで終わりということを示す言葉。社交文書には書きません。礼状は社交文書なので、「以上」とは書きません。

社外文書の書き方

Point
★★★
● 社外文書は実際の担当者ではなく、役職者を受信者にするのが一般的
発信者も、受信者も同格の職位にするのがマナーです。

社外文書

商取引に関する文書。

社外の人に出す文書でも、商取引に
関するものと、お付き合いの文書では、
作成の形式やルールも違うから気をつけて！

社外文書作成のポイント　よく出る ★★★

　会社を代表して外部へと出す文書なので、失礼がないようにしなくてはいけません。形式や言葉づかいに注意し、正確に内容を伝えます。

☐ **横書きで作成。**
　　ただし、「社交文書」は縦書きにすることが多い。

☐ **基本フォーマットに沿って書く。**

☐ **頭語・結語を用いる。**
　　「前略」「拝啓」などの頭語、「草々」「敬具」などの結語を正しく組み合わせて用いる。

☐ **時候のあいさつを入れる。**
　　季節に適したものを選ぶ。なお、時候のあいさつと実際の気候が異なる場合は、「時下」を用いる。

☐ **文章は、尊敬語と謙譲語を正しく用いる。**
　　慣用表現や、格調高い言葉を用いる。

☐ **わかりやすい文章を心掛ける。**

☐ **より丁寧な表現を心掛ける。**
　　「お願いします」→「お願い申し上げます」

失礼がないようにね。

社外文書のフォーマット

よく出る ★★★

❶ 文書番号
社交文書や私信には付けない。

❷ 発信日付
元号が一般的だが、西暦でも。

❸ 受信者名
団体・部署宛▶
**○○○株式会社
営業部御中**
職名を使った場合
▶**営業部長殿**
個人名に職名を使った場合▶
営業部長 佐藤様
多数宛▶**各位**

❹ 発信者名
発信者は受信者と同格の職位にする。

❺ 表題
内容を簡潔に明記。（　）内に（案内）（お願い）などの性質を入れる。

❻ 前文
拝啓、前略など、用件に入る前のあいさつ。

❼ 主文
文書の用件を述べる。「さて」で書き始めるのが一般的。

---

❶ 営業部２８０６号
❷ 令和３年３月１０日

○○○株式会社
営業部長　佐藤晃一様 ❸

株式会社△△△△△
❹ 部長　長谷部洋司

❺ 新製品展示会（開催）

❻ 拝啓　早春の候、貴社ますますご隆盛のこととお慶び申し上げます。また、平素は格別のご高配を賜り、厚く御礼申し上げます。
❼ さて、このたび弊社では、○○○の新製品を発売することになりました。
❽ まずは、日頃ご愛顧をいただいております皆様に、新製品をご覧いただきたく、下記の通り、ご案内いたします。
　ご多忙中とは存じますが、ご来場いただけますよう心よりお願い申し上げます。

敬具

記
1．日時　　　４月１２日（月）　　午後１時～３時
2．会場　　　○○ホテル　△△の間
3．住所　　　東京都千代田区○○１丁目○番地○号
　　　　　　　TEL　０３（○○○○）○○○○

❾ なお、お車でお越しの際は、受付で駐車券をお受け取りください。

❿ 添付資料：会場案内図　１枚

以上

担当：営業部　太田賢人
⓫　TEL　03（○○○○）○○○○

---

❽ 末文
締めくくりの文。「まずは」で書き始めるのが一般的。

❾ 追伸
補足事項を書く。本文より行を落とし、「なお」で書き出す。

❿ 同封物
資料などがあれば、名称と枚数を記す。

⓫ 担当者名（連絡先）
発信者と担当者が違う場合、名前と連絡先をつける。

171

商取引に関する主な社外文書の種類

通知状	書類の授受、社屋の移転、人事異動など、情報を伝える文書。
案内状	新製品発表会、セミナー開催の案内などを知らせる文書。
依頼状	仕事の協力、講師のお願い、調査の依頼など、何かをお願いする文書。
照会状	在庫の有無など、問い合わせる文書。
督促状 （とくそく）	納品日に品物が届かない、入金がされていないなど、約束事が実行されていないときに催促をする文書。

社交文書 ★★★

よく出る

　取引先の担当者などとの関係を良好に保つための「お付き合い」の文書。社外文書ではありますが、しきたりやマナーを守って書く必要があります。

特徴
- ●縦書きが一般的。　●文書番号や表題は省略。
- ●文章の書き方は、相手との関係の親密度に合わせる。
- ●よいタイミングで出す。

◆ 社外文書は、社内文書とココが違う！

1 前文 用件に入る前のあいさつ。

　頭語　　時候のあいさつ

「**拝啓　晩秋の候、ますますご健勝のこととお慶び申し上げます**」

・相手が個人の場合は、「ご健勝」「ご清祥」
・会社などの団体の場合、「ご隆盛」「ご発展」

2 主文 本文の用件部分で、1字落として「さて」「つきましては」などで書き始める。

3 末文 終わりのあいさつで、1字空けて「まずは」で書き出す。

「**まずは、略儀ながら書中をもって、御礼かたがたお願い申し上げます**」

最後は、頭語に合わせた結語（拝啓で始まったら敬具）を行の末尾または改行してその行の末尾に書く。

種類

紹介状	人を紹介するときに書く文書で、封をせず、紹介者に渡すのが特徴。紹介状を書いたら、紹介先に電話でその旨を連絡する。
慶弔状	直接出向いてあいさつできない場合電報(115に電話して電文を依頼。インターネットからでも可)または手紙を出す。慶弔を知ったら、すぐに書くことが重要。お悔やみ状は、主文から入り、頭語と結語は省く。
見舞状・お悔やみ状	すぐに主文から入り、前文は省く。
あいさつ状	事務所移転や役職者の異動などの案内を知らせるもの。
招待状・案内状	パーティーや式典などへの参加を求める手紙。
礼状	相手の厚意に対して感謝の意を示すための文書。礼状はできるだけすぐに出す。

社外文書のフレーズ

よく出る ★★★

● 頭語と結語

前文の最初に書くのが「頭語」、本文の最後に書くのが「結語」。文書の格式を高めるために使われます。決まった組み合わせがあるので、間違わないようにしましょう。

頭語	結語	
拝啓	敬具	一般的な文書に使います。
拝復	敬具	返信の文書に使います。
謹啓	敬白、敬具	特に丁重な改まった文書に使います。
前略	草々	急ぎのとき、略式の文書のときに使います。

● 時候のあいさつ

前文に時候のあいさつを入れると、より丁寧な印象になります。

月	あいさつ	月	あいさつ
1月	新春の候／厳寒の候／お健やかに新春をお迎えのことと存じます	7月	盛夏の候／猛暑の候／暑さ厳しき折
2月	向春の候／余寒の候／余寒なお厳しい折から	8月	残暑の候／晩夏の候／立秋とは名ばかりの暑さですが
3月	早春の候／春寒の候／日ましに暖かになりますが	9月	初秋の候／新秋の候／朝夕はしのぎやすくなり
4月	陽春の候／春暖の候／よい季節になりましたが	10月	紅葉の候／秋冷の候／秋色いよいよ深まりましたが
5月	新緑の候／薫風の候／若葉の季節となり	11月	晩秋の候／霜降の候／菊花香る折りから
6月	初夏の候／梅雨の候／梅雨の長雨が続いておりますが	12月	初冬の候／歳晩の候／暮れも押し迫ってまいりましたが

前文の例

会社宛 ▶ **拝啓** 早春の候、貴社ますますご発展のこととお慶び申し上げます。

　　　　　　　頭語　　1文字空ける　　時候のあいさつ

個人宛 ▶ **拝啓** 新緑の候、貴殿におかれましては、ご健勝のこととお慶び申し上げます。

感謝の
あいさつ ▶ **謹啓** 初夏の候、平素は格別のお引き立てを賜り、厚く御礼申し上げます。

末文の例

用件をまとめる場合 ▶ **取り急ぎ用件のみ申し上げました。**

会ってあいさつすべき
ところを書面でする場合 ▶ **まずは、略儀ながら書中をもって
ごあいさつ申し上げます。**

社外文書の敬語の使い分け ★★★

	相手方（尊敬語）	自分側（謙譲語）
本人	○○様、貴殿、先生	私（わたくし）、当職
会社	貴社、貴校、貴店、御社 （「御社」は一般的に話し言葉で使う）	当社、弊社、私（わたくし）ども
場所・土地	御地、貴方面、貴県	当地、当方面、弊地
品物	結構なお品、佳品（かひん）	心ばかりの品、粗品（そしな）、寸志
意見	ご高見（こうけん）、 ご高説（こうせつ）、ご所感	所見、私見、私案、所感
配慮	ご配慮、ご高配、ご尽力、 ご指導、お引き立て	配慮、留意
授受	お納め、ご査収（さしゅう）、 ご笑納（しょうのう）	拝受、頂戴（ちょうだい）
訪問	おいで、お越し、ご来社、 お立ち寄り、ご来臨（らいりん）	お伺い、参上、ご訪問
息子・娘	ご令息様、ご子息様／ ご令嬢様、お嬢様	息子／娘
家族	皆々様、ご一同様	一同、家族一同
志 （こころざし）	ご芳志	志
与える	賜（たま）う、くださる	差し上げる

敬語は正しく使わないと相手に失礼だよ。

Check! ▶ ○×問題　次のことが適当ならば○、不適当ならば×で答えてください。

次は、手紙の前文で用いるあいさつの言葉である。

① 貴社ますますご発展のこととお喜び申し上げます。

② 貴社ますますご健勝のこととお喜び申し上げます。

解答と解説

①＝○　②＝×

「健勝」は相手の健康を祝う言葉のため、会社（貴社）宛ての文書では使用しません。相手が個人の場合は「ご清祥」「ご健勝」、会社など団体の場合は、「ご隆盛」「ご発展」を使います。

練習問題

1 秘書Aは後輩Rから、「上司の指示で、取引先の会社宛ての中元の礼状の原稿を作った。直した方がよい箇所があれば教えてもらいたい」と言われ、次の文書を渡された。下は、AがRに直すように言ったこと。中から<u>不適当</u>と思われるものを一つ選びなさい。

拝啓　盛夏の候、ますます<u>ご発展</u>のこととお喜び申し上げます。
　　　　　　　　　　　　❶

　さて、このたびは大変けっこうなお品を<u>ご笑納</u>くださいまして、<u>お志</u>
　　　　　　　　　　　　　　　　　　　　　　❷　　　　　　　　　　❸
のほどありがたく、厚く御礼申し上げます。

　まずは、取り急ぎ<u>文中</u>をもって御礼申し上げます。
　　　　　　　　　　❹

　　　　　　　　　　　　　　　　　　　　　　　　　　　　　<u>草々</u>
　　　　　　　　　　　　　　　　　　　　　　　　　　　　　 ❺

1）❶の「ご発展」は、「ご健勝」にする。
2）❷の「ご笑納」は、「ご恵贈」にする。
3）❸の「お志」は、「ご芳志」にする。
4）❹の「文中」は、「書中」にする。
5）❺の「草々」は、「敬具」にする。

2 次は、秘書Aが社交文書について先輩Cから教えられたこと。中から<u>不適当</u>と思われるものを一つ選びなさい。

1）礼状は、相手やその内容によって、はがきと封書を使い分ける。
2）秘書が上司に代わって代筆したものでも、代筆者名は書かない。
3）祝い状や見舞い状などには、文書番号や件名は書かない。
4）お悔やみ状は、深く弔意を表すために、前文は丁寧に書くのがよい。
5）役員交代のあいさつ状など格式を重んじる文書には、句読点をつけなくてもよい。

[**解答と解説**]

1 の解答 1）

「ご発展」は会社などの団体宛て、「ご健勝」は個人宛て文書に使う言葉。設問は、取引先の会社宛てということなので「ご発展」のままでかまいません。

2 の解答 4）

前文というのは、用件に入る前のあいさつ。お悔やみ状というのは、手紙の性格上、あいさつなどは抜きにして、何をおいてもまずお悔やみを述べることになります。したがって、前文を丁寧に書くというのは不適当です。

技能 ④ グラフの作成

Point ★★★ ● 作成する際は、タイトル、調査年月日を明記します。また、資料に基づいて作成する場合は、調査機関や引用した資料も必ず記します。

帯グラフ作成のポイント ★★★

　帯の長さを 100% として、項目の構成比を長方形の面積の大小で示すグラフです。作成の手順は、次の通りです。

例）製品別売上高を帯グラフにする場合

令和3年度　製品A 30%　製品B 12%　製品C 40%　製品D 15%　その他 3%
令和4年度　製品A 25%　製品B 11%　製品C 38%　製品D 18%　その他 8%
令和5年度　製品A 26%　製品B 10%　製品C 45%　製品D 17%　その他 2%

1 構成項目の比率を求めて、帯の長さに換算する。

2 帯の左から、構成比率の大きいものを並べて作成していく。
　なお、数値に関係なく、「その他」は最後に必ず入れる。

3 構成要素と比率を書き入れる。

Point

● 項目を色分けしたり、斜線を引いたりして、わかりやすくする。
● 年度別比較の場合は、最初に並べた構成項目の順に帯グラフを作り、各グラフの構成項目の区切りを……（リーダーケイ）で結ぶと、ひと目で変化がわかる。

△△社製品別売上高構成比率

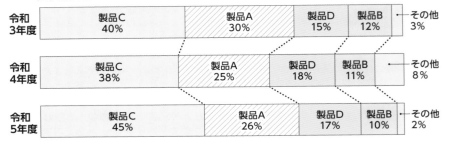

176

円グラフ作成のポイント

よく出る ★★★

円グラフは、円全体を100%とし、項目の構成比を扇形の面積の大小で示すグラフです。作成の手順は、次の通りです。

例）製品別売上高（令和3年度）を円グラフにする場合

令和3年度　製品A 30%　製品B 12%　製品C 40%　製品D 15%　その他 3%

1 構成項目の比率を求めて、角度に換算する。

2 円を描き、時計の12時のところから中心に向け「基線」を入れる。

3 構成比率の大きいものから、時計回りに角度を測って線を入れる。

4 構成要素と比率を扇形のスペースに書き入れる。

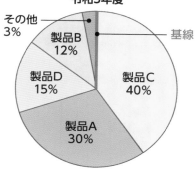

〈 △△社製品別売上高構成比率 〉
令和3年度

例）アンケート調査を円グラフにする場合

大変よい 25%　よい 20%
普通 35%　悪い 12%　大変悪い 8%

アンケートの場合は、比率の大きいものからではなく、「大変よい」「よい」「普通」「悪い」「大変悪い」など、そこに印している項目順に並べる。

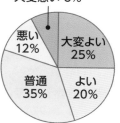

Point

- 項目を色分けしたり、斜線を引いたりして、わかりやすく。
- 扇形の中に項目や数値を入れるスペースがない場合は、引き出し線を入れて円外に書く。
- タイトルは円グラフの外に書くが、場合によっては円グラフの中央に小さい円を描き、その中にタイトルを書いてもよい。

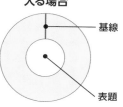

中央にタイトルが入る場合

棒グラフと折れ線グラフ

よく出る ★★★

棒グラフは、棒の長さによって数の大小を比較させるグラフ。折れ線グラフは、棒の高低で連続した動き（推移）を示すグラフです。

棒グラフ

- 横軸に項目名、縦軸に個数などの単位を入れる。
- 縦軸と横軸の交差する基底点のメモリは0から始める。
- 棒の幅は一定にする。
- グラフにした際、極端に長い部分ができるときは、途中を破った形にするため波線（中断記号）を入れる。

〈△△社製品別売上高 (令和3年度)〉

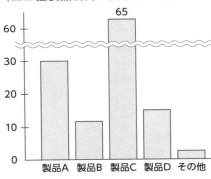

折れ線グラフ

- 基点を0として、横軸と縦軸が交わる点を結ぶ。
- 数字に幅があり、グラフにした際に下の方が大きく空いてしまう場合、波線（中断記号）を入れるとよい。

〈売上高前年比伸び率の推移〉

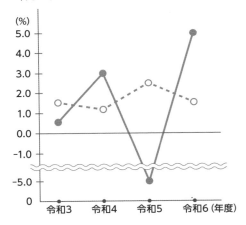

Check!▶ ○×問題　次のことが適当ならば○、不適当ならば×で答えてください。

秘書Aは、上司から資料を渡されグラフにするように指示されたとき、どのようなグラフにするのがよいかを考えた。

① 平成30年12月の課別時間外手当額は「折れ線グラフ」がよいのではないか。

② 平成25年度から平成30年度までの平均給与額の推移は「折れ線グラフ」がよいのではないか。

解答と解説

①＝✕　②＝○

各課で支払われた時間外手当の金額（高低）を比較することが目的のため、数量を棒にして比較する「棒グラフ」を用います。折れ線グラフは、数量を縦軸・時間を横軸にして、時間の経過に従って変化する数値を表すもの。

1 次はデータと、それを見やすいグラフにするとしたらどのグラフがよいかを組み合わせたもの。中から不適当と思われるものを一つ選びなさい。

1）P製品売上高推移　　　　＝　折れ線グラフ
2）課別時間外手当額　　　　＝　折れ線グラフ
3）製品別売上高構成比　　　＝　円グラフ
4）課別社員数　　　　　　　＝　棒グラフ
5）年代別社員平均給与額　　＝　棒グラフ

2 次の統計をグラフ化するには、（A）棒グラフ、（B）円グラフ、（C）折れ線グラフ、（D）帯グラフのうちの、どのグラフにするのが適当か。（　）内に記号で答えなさい。

1）令和元年度、既製品売上高構成比率　　　　　　　（　　　　）
2）P製品の令和2年度、月別売上高伸び率の変化　　（　　　　）
3）令和2年11月2日現在の各部の男女別社員数　　（　　　　）
4）過去4年間の社員1人当たり年間残業時間の推移（　　　　）
5）△△社、製品別売り上げ高の構成比　　　　　　　（　　　　）

[**解答と解説**]

1 の解答 2）

この場合は、時間外手当額（数量）を課別に比較するのですから数量を棒にして比較する「棒グラフ」にします。「折れ線グラフ」は、数量の時間的変化を知るため、数量を縦軸にし、時間を横軸にして時間で変化した数量を点にしてつないだものです。

2 の解答

1）B
2）C
3）A
4）C
5）D

技能 ⑤

文書の取り扱い

Point
★★★
● 上司に「開封して渡す文書」と「開封せずに渡す文書」があります。
● 「秘」文書は、取り扱いに十分に注意することが必要です。

上司宛ての手紙の取り扱い ★★★

　業務に関するものは開封し、封筒に入っていた文書を広げ、封筒と一緒にクリップで留めて上司に渡します。私信は開封せず、そのまま上司に渡します。

上司に届いた手紙

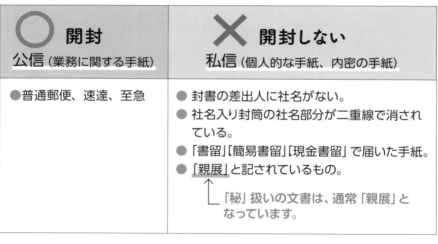

◯ 開封 公信（業務に関する手紙）	✕ 開封しない 私信（個人的な手紙、内密の手紙）
● 普通郵便、速達、至急	● 封書の差出人に社名がない。 ● 社名入り封筒の社名部分が二重線で消されている。 ● 「書留」「簡易書留」「現金書留」で届いた手紙。 ● 「親展」と記されているもの。 　└「秘」扱いの文書は、通常「親展」となっています。

「私信」なのかどうか迷うときは、開封せずに上司へ渡そう。

開封した文書を渡すときのポイント

- □ 文書を広げ、封筒を一番下にしてクリップで留めて渡す。
- □ 上司宛に届いたいくつもの文書の中で、「速達」で届いたもの、開封した文書に「至急」などと記されたものは、一番上にして渡す。
- □ 往信文書（こちらが出した手紙）に対する返信は、往信文書の控えを添付してクリップで留めて渡す。
- □ 長い内容の文書は、重要な部分にラインを引く、必要に応じて要約したメモを添付するなど工夫して渡す。
- □ パーティーなどの案内状は、当日の上司の予定のメモを添付して渡す。
- □ 異動、就任、事務所移転のあいさつ状の場合、秘書が名簿や名刺の変更をしてから上司に渡す（訂正した名刺や名簿を上司に見せる必要はない）。
- □ 請求書や見積書に計算間違いがないかを確認してから渡す。

上司が興味を持たないと思われる
ダイレクトメールや広告物は、渡さずに処分してね。

文書を発送するとき ★★★

よく出る

　文書の発送を指示された際は、次のことを心に留めて発送します。

- □ 封筒に文書を入れた後、のりを付けてしっかり封をする。
- □「親展」や儀礼的な文書には、封じ目に〆印か、封印を押す。
- □ 封をしたものの重さを量り、正確な郵送料金を調べてから切手を貼る。

封を閉じるときは、のりが基本。
ステープラでとじるのはNGだよ。

「秘」文書の扱い方

社内での取り扱う際の留意点

個人宛てに渡すとき	封筒に「親展」と記して渡す。
他部署に渡す	「文書受渡簿」に文書名と相手先を記入し、文書を渡した相手から受領印をもらう。
配布するとき	文書に通し番号を付けて、配布先とその通し番号を記録する。
コピーをするとき	人のいない時間帯を見計らい、必要な枚数だけコピーする。ミスコピーや、多くコピーしたものはシュレッダーにかけて処理をする。
ファイル保存をするとき	一般の文書とは別にしてファイルし、カギの掛かるキャビネットや金庫などに入れて管理する。
破棄するとき	手で破いてごみ箱に捨てたりせず、シュレッダーにかけて処理する。

事前に、内線電話などで相手の在席を確認して、直接本人に渡す。
本人が不在の場合は、その人の秘書に渡してね。

社外に発送するとき

☐ 受発信簿に必ず記録する。

☐ 二重封筒にして、「親展」と記して発送する。
内側の封筒に「秘」と記入（押印）し、それが外側から見えないよう、再度封筒（中の封筒が透けない封筒）に入れ「親展」と記す。

☐ 郵送するときは、「書留」または「簡易書留」にする。

☐ 発送後は相手に電話し、「秘」文書を送付した旨を伝える。

☐ 発送した文書にも通し番号を付けて、誰に送付したかがわかるようにしておく。

Check! ▶ ○×問題　次のことが適当ならば○、不適当ならば×で答えてください。

次は秘書Aが、「秘」扱い文書を配布するときに行っていることである。

① 本人に直接手渡しをして、受領印をもらう。

② 渡すとき、口頭で「秘」扱い文書であることを伝えてから渡す。

解答と解説
　　①＝○　　②＝×

「秘」扱い文書を渡したことは周りの人に気付かれないほうがよいため、口頭では言いません。相手が「秘」扱い文書であることがわかればよいのです。

練 習 問 題

1 次は秘書Aが、「秘」扱い文書を郵送するときに行ったこと。中から<u>不適当</u>と思われるものを一つ選びなさい。

1）発信・受信の証拠が残るように、簡易書留で送った。
2）「秘」扱い文書であることがわかるように、封筒の表に「秘」と書いた。
3）内容が透けて見えないように、封筒は二重にした。
4）相手に「秘」扱い文書を送ったことを連絡した。
5）文書受発信簿に、書留郵便物受領証を貼った。

2 次は秘書Aが、上司宛ての郵便物を受け取って上司に渡すときに行ったこと。中から<u>不適当</u>と思われるものを一つ選びなさい

1）こちらからの文書に対する返信は、出した文書の控えを添えて渡した。
2）簡易書留で「速達」の表示がされていたものは、急いで開封して渡した。
3）現金書留は、受信簿に記入してから開封しないで渡した。
4）祝賀会の招待状は、当日の予定を書いたメモを添えて渡した。
5）DMで上司の関心があると思われるものは、開封して他の郵便物と一緒に渡した。

〔**解答と解説**〕

1 の解答 2）

「秘」扱い文書とは、内容を秘密にしないといけない文書のこと。秘密にしないといけないのですから、郵送をするにしても誰にもわからないようにして送らないといけません。したがって、封筒の表に「秘」と書くのは不適当。

2 の解答 2）

書留類は一般文書などと違うので、開封しないで上司に渡すのが原則。速達は郵送の仕方のことなので、開封するかどうかとは関係ありません。

183

郵便の知識

はがきの書き方 ★★★

　はがきは第二郵便。種類は、「通常はがき」と「往復はがき」があります。通常、通信文はウラ面に書きますが、オモテ面の下半分など、宛て名がわかるなら書いてもかまいません。また、6g以内なら、シールや薄い紙を貼ることができます。

返信用はがきの書き方

オモテ

郵便往復はがき

1 0 1 0 0 5 1

切手
返信

千代田区神田神保町○-○

株式会社ナツメ社　御中　行

「御」「御芳」を2本線で消す。

ウラ

2本線で消す。

御欠席

御出席

創立○周年記念パーティー

喜んで
させていただきます。

御住所
御芳名
150-0043
東京都渋谷区道玄坂○-○-○

池田雄一郎

該当するもの（「出席」または「欠席」）をマルで囲む。

ひと言を添える。

▶**出席する場合**
　喜んで（出席）させていただきます。

▶**欠席の場合**
　残念ですが、出張のため（欠席）させていただきます。

　残念ですが、所用のため、（欠席）させていただきます。

「行」を2本線で消す。
▶会社や団体宛て→御中
▶個人宛て→様、殿

欠席理由として「時間がないので」「忙しいので」と書くのはNG。失礼にあたるよ。

封書の書き方

封書は第一郵便で、決められた範囲内の大きさと重さの郵便物は「定型郵便物」。それ以外は「定形外郵便物」となります。また、郵便書簡（ミニレター）という簡易封書もあります。

宛て名の書き方

◎「御見積書在中」「請求書在中」「写真在中」など、内容を表示する場合、縦書きと横書きの位置は右記の通り。

縦書き

横書き（縦長封筒の場合）

ホテルなどに滞在している人に送る場合

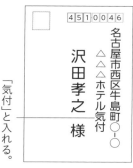

「気付」と入れる。

横書き（横長封筒の場合）

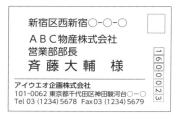

「親展」で出すよう指示されたとき

「秘」扱いの文書や、本人に直接渡したい資料などには、「親展」と記す。

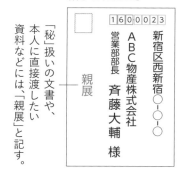

こんなときは？

● Aホテルの603号室に滞在している　→ **Aホテル気付603号室**
　川島均部長に送るとき　　　　　　　　　**川島　均様**

● 実家の「梅沢賢一様宅」に帰省している　→ **梅沢賢一様方**
　中村加奈先輩に送るとき　　　　　　　　**中村加奈様**

● 上司の恩師の佐藤一太氏に　→ **佐藤一太先生**
　写真を送るとき　　　　　　　　**写真在中**

特殊取扱郵便物と大量郵便物

特殊取扱郵便物

速達	早く送りたいときは、郵便物の最上部右側に赤線を入れるか、赤で「速達」と書く。
書留	引き受けと配達したときの記録が残り、届かない場合は損害賠償が受けられる。 **「現金書留」**……現金を送るとき（祝儀袋や不祝儀袋をそのまま入れてもよい）。 **「一般書留」**……小切手、手形、郵便為替、商品券などを送るとき。 **「簡易書留」**……重要書類（「秘」文書など）、原稿、5万円までの有価証券など。

大量郵便物の発送

料金別納郵便	料金が同じ郵便物を、同時に10通以上（ゆうパックは1個からでも）出すときに利用できる。料金は窓口でまとめて払う。 ◎事務所の移転通知を出すときなどに使う。
料金後納郵便	毎月、50通以上の郵便物（ゆうパックは10個から）を出すときに利用できる。料金は、1カ月分まとめて翌月末日までに振り込む（引き落としは翌月20日）。 ◎会報誌などを会員に送付するときに使う。
料金受取人払	アンケートなど、相手に料金負担をかけずに返信をもらいたいときに利用。受取人は、返信を受けた分だけの料金を支払う。 ◎回収率の低いアンケート調査などに使う。
郵便区内特別郵便物	同一郵便区内に、同じ差出人が同じ形・重さ・取扱の郵便物を同時に100通以上出す際に利用できるもので、料金が割安になる。ただし、大きさや重さに制限があり、「郵便区内特別」の表示が必要。

Check! ○×問題　次のことが適当ならば○、不適当ならば×で答えてください。

次は、上司に「10万円分の商品券を送ってもらいたい」と言われたときの郵送の仕方である。

① 一般書留　　② 現金書留

解答と解説

①＝○　　②＝✕

現金書留は現金を送るときだけです。商品券は現金ではないので、一般書留で送ります。一般書留は、差出・受け取りの記録が残されるため確実に届けられ、万が一、届かなかった場合は上限500万円の実損額を補償してくれます。

練 習 問 題

1 秘書Aは上司から、急ぎで送るようにとデパートの商品券と送り先のメモを渡された。この場合どのような郵送方法がよいか。次の中から**適当**と思われるものを一つ選びなさい。

1) 急ぐのだから「普通郵便」で「速達」にするのがよい。
2) 急ぐのだから「普通郵便」で表面に「至急」と書くのがよい。
3) 現金と同じなのだから「現金書留」で送るのがよい。
4) 不着のとき賠償してもらえる「一般書留」で「速達」にするのがよい。
5) 当人に開封してもらえるように「普通郵便」で表面に「親展」と書いて送るのがよい。

2 秘書Aは上司から、「取引先600社を対象にアンケート調査を行う。回収率は12%と予想されるので、経済的な返送方法で回収してもらいたい」と指示された。このような場合のアンケート用紙の返信用封筒はどのようにするのがよいか。中から**適当**と思われるものを一つ選びなさい。

1) 料金別納郵便の印を押した封筒を入れる。
2) 84円切手を貼った封筒を入れる。
3) 料金後納郵便の印を押した封筒を入れる。
4) 切手を貼らない封筒と84円切手を入れる。
5) 料金受取人払いの手続きをした封筒を入れる。

[**解答と解説**]

1 の解答 4)

商品券は現金ではありませんが、金額表示のある重要品なので「一般書留」にし、急ぎという指示なので「速達」で送るのが適当。なお、「現金書留」は現金専用（他の文書などの同封は可）です。

2 の解答 5)

「料金受取人払い」は、郵便の受取人が料金を支払う郵便です。したがって、受け取った郵便物の数だけの料金と手数料を払えばよいので、この場合、最も経済的で適切な返送方法ということになります。

ファイリング・資料管理

Point
★★★
- ● ファイリングに関する用具や用語を正しく理解しましょう。
- ● 名刺、雑誌・カタログ、新聞は、それぞれ適切な整理をします。

書類の5種類の整理法 ★★★

相手先別管理
- ・**取引先の会社名や個人名など**、相手先別に書類を整理する方法。
- ・**往復文書（手紙）** などの整理に適している。
- ・相手先を整理するには、「五十音順」「アルファベット順」などの方法がある。

主題別整理
- ・書類や資料の内容から、**テーマ別にまとめて整理する**方法。
- ・**商品カタログ、新聞の切り抜き、文献の分類**などに用いる。

表題別整理
- ・書類の表題（タイトル）をそのまま使って整理する方法。
- ・「**請求書**」「**見積書**」「**発注書**」「**報告書**」などの伝票や帳票を管理するのに便利。

一件別整理
- ・特定の**取引や工事、行事に関する書類を、最初から最後**までの経緯がわかるよう**一件ごとにまとめる**整理法。
- ・「30周年記念式典」などに関する資料が全てわかるようにする。

形式別整理
- ・「**年賀状**」「**異動のあいさつ状**」など、文書の形式をタイトルとしてまとめる整理法。

ファイリング用具・事務用品

　文書や書類を整理・管理するためのファイリング用品や、事務用品の名称と使用目的を覚えておきましょう。

フォルダー
書類などをそのまま挟んで、ファイルするもの。

バインダー
ファイル

ファイル
とじ具付きで、書類を金具に挟んで保管する。

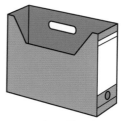

ファイルボックス
ファイルを保管する箱。

ステープラ
書類を針金でとじる器具。

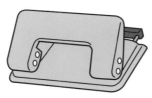

パンチ
書類に穴をあける器具。書類をひもでとじたり、ファイルにとじたりするために使う。

クリップ
書類を一時的にまとめるために使うもの。

チェックライター
手形や小切手などの金額を刻印する器具。

レターケース
書類を整理、分類するためのケース。

ナンバリング
書類に通し番号をつけるための器具。

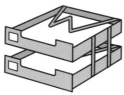

デスクトレー
書類を保管するトレーで、2段の場合は上下段で「未処理（未決裁）」、「処理済（決裁）」などと分けて使ったりする。決裁箱とも呼ばれる。

バーチカル・ファイリング

バーチカル・ファイリングとは、書類をとじずにフォルダーに挟み、それをキャビネットの引き出しに垂直に立てて収納する整理法です。

引き出しに設置されたハンギング・フレームにフォルダーを吊り下げて収納する方法は、「ハンギング式バーチカル・ファイリング」といいます。

—— **ハンギングフレーム**

バーチカル・ファイリングに使う4つの用具

① フォルダー

書類挟みのことで、折り目を下にしてキャビネットに収納。「個別フォルダー」と「雑フォルダー」の2種類がある。

個別フォルダー

「アイウエ商会」など、相手先に関する書類を1つにまとめたもの。

雑フォルダー

書類の数が少なくて、まだ個別フォルダーを作成していない会社の書類を取り敢えず入れておくもの。

② ガイド

フォルダーのグループの見出しとして、「ア」「イ」「ウ」などと、左端のタブ（山）に表示する厚紙のこと。

ラベル

③ ラベル

「アイウエ商会」などタイトルを書いて、個別フォルダーのタブ（山）に貼る紙やシール。

④ キャビネット

正式には、バーチカル・ファイリング・キャビネット。フォルダーを収納する引き出し式の文書整理だんす。

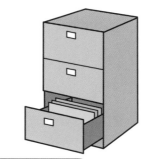

フォルダーの並べ方

1 「ア」のガイドを先頭（一番手前）に置く。

2 「ア」の会社の個別フォルダーを順序よく並べる。

3 「ア」の雑フォルダーを置く。

4 「イ」のガイドを置く。

※以下、1〜3を「イ」「ウ」「エ」とくり返していく。

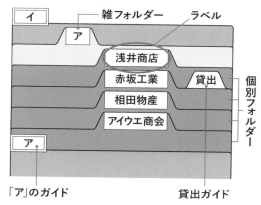

イ

ア

雑フォルダー

ラベル

浅井商店

赤坂工業　　　　貸出

相田物産

アイウエ商会

ア

個別フォルダー

「ア」のガイド　　　　　　　貸出ガイド

書類が多くなって「ア」のグループをさらに分ける必要が出てきたとき利用する厚紙の見出しのことは、第2ガイドと呼ばれているよ。

資料を貸し出すとき　★★★

　他部署などに資料を貸し出す場合、貸し出す資料の代わりに、資料が収納されていた場所に「貸出ガイド」を差し込みます。

貸出ガイドの使い方

● 貸出ガイドには、「貸出先」「貸出日」「返却予定日」「書類名」などの記入欄があり、右端の山に「貸出」と記したラベルが貼られている。

● 貸出ガイドの記入欄に必要事項を記入し、書類を貸し出し、資料があった場所に貸出ガイドを代わりに置く。

● フォルダー内の書類を全部貸し出すときは、フォルダーごと渡さず、貸し出し用の「持ち出しフォルダー」に入れ換えて渡す。空になったフォルダーには、貸出ガイドを差し込む。

持ち出し用フォルダー

使わなくなった書類

シュレッダーなどで確実に破棄する。ただし、法律で保存期間が定められている書類や、会社の内規で保存期間（3年、5年など）が定められているものは、その期間中は保存する。

名刺の整理

名刺の整理法には、次の3つがあります。

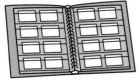

名刺整理簿

名刺が差し込めるファイル形式のもの。一覧になっていて見やすいので、名刺が少ない場合にも便利。ただし、名刺のサイズが大きい場合は収納できない。

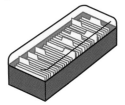

名刺整理箱

専用の箱に名刺を立てて整理するもの。名刺が多い場合にも便利。分類項目ごとにガイド（ラベルのついた厚紙）を立てると探しやすい。

パソコン管理

名刺の情報をデータ化して管理するもの。増減や訂正、検索が簡単にできる。ただし、入力ミス、個人情報の管理には注意が必要。

> 名刺整理簿と名刺整理箱は、それぞれ一長一短。
> 適した分類法を選んで、名刺の情報を安全かつ
> 有効に使うようにしよう。

名刺をもらった後のポイント

● 受け取った名刺には、「日付」「その人の特徴」「紹介者の名前」などをメモする。

● もらった名刺は、該当するガイドのすぐ後ろに入れる。

● 名刺整理箱から抜き取って使った名刺は、該当するガイドのすぐ後ろに入れる。

● 上司の個人的な名刺と、業務用の名刺は一緒にせず、分けて整理する。

● 会社の移転の案内状や、人事異動のあいさつ状を受け取ったら、名刺を最新の情報に訂正する。

● 1年に1度は名刺の整理をする。不要なものはそのまま捨てず、必ず細かく破るかシュレッダーなどで処分する。

雑誌・カタログの整理 ★★★ _{よく出る}

カタログの整理

カタログについては、以下のことを心に留めて整理しましょう。

☐ 会社別ではなく、例えば「机」「椅子」「棚」など、商品別に分類する。

☐ 厚みのある総合カタログなどは、そのまま書棚に入れる。

☐ 薄いカタログやパンフレットは、商品別の個別フォルダーを作成し、ハンギング・フォルダーに入れて整理する。

☐ 年に1度はチェックをして、不要なものは処分する。また、新しいカタログを入手したら、古いものは処分する。ただし、自社のカタログは古いものも全て保存しておく。

雑誌の整理

定期購読している雑誌が届いたら、日付を控えておき、上司の部屋や応接室に、いつも最新号を用意しておきます。

☐ 一般誌は前年度分だけ、専門誌は長くて5年保存する。

☐ 雑誌の保存は、半年から1年分をまとめてピン製本で合本し、ファイルの背表紙に「雑誌名」、2021年1月号〜12月号などど明記する。

雑誌・カタログの関連用語

日刊・週刊・月刊	日刊は毎日、週刊は1週間、月刊は1カ月に1回発行される刊行物。
旬刊・隔月刊	旬刊＝10日に1回発行されるもの、隔月刊＝2カ月に1回発行されるもの。
季刊（きかん）	春夏秋冬、年に4回発行されるもの。
増刊	定期刊行物が臨時に発行すること。
総合カタログ	その会社の取り扱い商品を1冊にまとめたもの。
リーフレット	広告や案内用などの1枚ものの印刷物。
パンフレット	ページ数の少ない簡単な小冊子。
バックナンバー	定期刊行物のすでに発行された号。
絶版	売り切れ後、印刷しない刊行物。
再版	すでに発行している本を、同じ形式で重ねて発行すること。
改訂	出版された後、何年か経って本の内容を改め直すこと。
創刊	新しい雑誌などの定期刊行物の発行をスタートすること。
奥付（おくづけ）	本の最終ページの著者、発行所名、発行日などが記されている部分。

情報収集と管理

新聞を切り抜くときのポイント

□ 政治、経済、業界動向など、あらかじめテーマ別に分類しておく。

□ 切り抜く記事をマーカーなどで囲み、新聞は翌日以降、雑誌は次の号が出た後に切り抜く。

□ 記事の余白に、紙（誌）名、日付（年月日）、朝夕刊の別、号数、ページなどを記入する。

□ 台紙はＡ４判に統一する。１記事１枚が原則だが、同テーマなら小さな記事を複数貼ってもよい。

社内外の情報収集

秘書は、社内での情報源を把握しておくことが大切です。

総務部	株主総会、取締役会、会社の各種行事、式典、車両管理など。
人事部	人事採用、人事配属、福利厚生、教育研修、給与体系など。
経理部	在庫、仕入れ、生産、資材購入などの数値情報、財務諸表に関する情報。
営業部	営業所別・商品別の売り上げ、販売予測、販売計画、顧客名簿、製品別取引先名簿の他、営業・販売に関する情報。
企画部	市場調査を含む各種調査、店舗展開企画、経営企画などの情報。
広報・宣伝部	社内報、広報誌の他、宣伝活動に関する資料や情報。

Check! ○×問題　次のことが適当ならば○、不適当ならば×で答えてください。

**秘書Aは、会社名の五十音順で名刺整理を行っているが、
その他に名刺整理の仕方で気をつけている点がある。**

① 名刺には受け取った年月日を記入しているが、その後来社した際にも、その都度日付を記入している。

② 転勤のため、上司の仕事に関わりがなくなった人の名刺は破棄している。

解答と解説

① = ✕　② = ○

名刺は初対面のときの自己紹介用のツールであり、あとで確認をするために受け取った日付やその人の特徴などを記入することはあります。その後の来社日の記録が必要な場合は名刺に書き込まず、別に記録をします。

練習問題

1 次は、出版物に関する用語とその意味の組み合わせである。中から不適当と思われるものを一つ選びなさい。

1）再　版　＝　すでに発行されている本を、同じ形で重ねて発行すること。
2）落　丁　＝　本などのページが抜け落ちていること。
3）絶　版　＝　一度発行した本を、引き続いて発行するのをやめること。
4）中とじ　＝　週刊誌のように、本の真ん中を針金でとじる、とじ方のこと。
5）奥　付　＝　本の中の情報を、五十音順で探せるようにまとめてあるページのこと。

2 次は、秘書Aがカタログ整理のときに行っていること。中から不適当と思われるものを一つ選びなさい。

1）あとで問い合わせなどをするのに便利なように、先方の担当者名を記入している。
2）冊子になっている総合カタログは、書棚に年度順に並べ保管している。
3）年1回は点検するようにし、あまり必要と思われないカタログは処分している。
4）総合カタログ以外は、製品を選びやすいように製品別に分類している。
5）薄いカタログは、出し入れしやすいようにハンギングフォルダーで整理している。

［ **解答と解説** ］

1 の解答　5）

「奥付」とは、本の終わりの著者、出版社、発行年月日、定価などを印刷したページのことです。

2 の解答　2）

基本的には新しいカタログが出来たら古いカタログは破棄をします。古いものを残しておいても（廃番があるなどで）意味がありません。冊子になっている総合カタログも同様です。

日程管理と環境整備

Point
★★★
● 秘書は、上司の行動に合わせた予定表を作成し、管理します。
● 上司が快適に仕事ができる環境を整備するのも秘書の仕事。

日程管理 ★★★

　予定表の基本は「年間」「月間」「週間」「日々」ですが、企業によっては「半期予定表」といって上期・下期ごとに予定表を作成する場合もあります。

予定表の種類

年間予定表	1年間に予定されている社内外の行事一覧表。 例）入社式、創立記念日、株主総会、定例役員会など
月間予定表	主要年間行事を含む、1カ月の行動予定の一覧表。 例）出張、会議、会合、訪問など。
週間予定表	1週間の確定した行動予定を時間単位で記入したもの。 例）会議、会合、面談、出張などの項目を詳細かつ正確に記入。私事については簡略して記入するか、「T氏」など記号で記す。
日々予定表 （日程表）	その日の上司の行動予定を記入したもの。時分単位で記入、備考欄に必要な情報を記入する。

予定表に記入するときのポイント

記入事項	会議、面談、出張、日時の決まった仕事、私事の行事などを記入。
表示方法	簡潔で見やすくする。よく使う会議は「会」、来訪は「○」、出張は「出」など、記号や略して記すとスペースが省けて便利。
予定変更	あとで見たとき、変更前のスケジュールがわかるよう2本線で消し、変更後の予定を書き込む。（手書きのスケジュールの場合）
確認	月間予定表は前月末、週間予定表は前週末、日々予定表は前日の終業時までに、それぞれ上司にチェックしてもらう。上司の確認を得たら、コピーし、上司と秘書が各1部持つ。
配布	月間予定表、週間予定表は、社内で上司の行動を把握しておくべき関係者に配布するが、その際、上司の私事は省いておく。

予定が変更になったら ★★★

行事の変更	上司に変更を伝え、上司と秘書の予定表を修正する。
こちらの都合で変更	上司の都合で面会などを変更する場合、先方にわび、相手の都合のよい日時を2〜3聞き、上司の意向を聞いて決める。
先方の都合による変更	上司の意向に沿って先方と新しい予定を決め、上司と秘書の予定表を修正する。
関係者への連絡	必要な関係先に、予定が変更になったことを伝える。

予定が変更したら、必ず上司と秘書の予定表を修正し、情報を共有することが大切だよ。

出張前・出張中・出張後の仕事 ★★★

出張するとき

1 出張計画を立てる。
出張先、期間を上司に確認。出張予定に基づき、交通手段や宿泊先の案を作成する。

2 交通機関・宿泊先の手配。
上司の希望や、会社の旅費規定、到着時間などを考慮して選定する。

3 旅程表の作成。
出張中の全ての予定を一覧表にした旅程表を作る。それを上司の他、関係者にも配布。

4 出発準備。
必要な費用を経理から仮払いし、出張先で必要な所持品を準備する。

◎**随行（ずいこう）とは**……自分より上役の人の供となって従っていくこと。ビジネスの場では、「同伴」とは言わない。

出張中

● 上司に指示された仕事だけではなく、普段はできない資料の整理などを行う。
● 郵便物の整理、留守中の出来事を報告するメモを作成。

出張から戻ったら

● 上司に留守中の出来事（来訪者や電話など）を簡潔に報告する。
● 留守中に届いた郵便物を整理して渡す。
● 出張の旅費や諸経費の精算、帰社した上司の持ち物や資料などを整理する。
● 上司の指示があれば、出張報告書の作成の手伝いや清書、礼状を書く。

オフィスの環境整備

秘書は、上司が気持ちよく仕事ができるように、オフィスを快適な環境に保つようにします。

照明	仕事をするうえで、オフィスの照明の採光は重要です。上司の仕事の能率や目の健康のためにも、照明には気を配りましょう。 **間接照明**：柔らかな光で目が疲れにくい。 **自然光**：ブラインドなどを利用し、自然光を上手に取り入れ調整する工夫も必要。
防音	上司が仕事をする執務室は、できるだけ静かにすることが大切です。そのために、以下のことを留意しましょう。 **ドア**：ドアチェック（ドアクローザー）をつけて、ドアの開閉時の音をなくす。 **電話**：呼び出し音のボリュームを調整する。 **窓**：外部の音ができるだけ入ってこないよう、厚手のカーテンをしたり、ついたてを立てたりする。
色彩調整	部屋の色彩は、心理面で影響があるので、仕事をしやすい色を用いましょう。 **応接室**：クリーム色などのやわらかい色を用いて、和やかな雰囲気にする。 **役員室や会議室**：茶、ベージュなどの色を用いて、落ち着いた雰囲気にする。
空気調整	季節に適した温度・湿度を維持して仕事がしやすいよう、エアコンを調整します。上司の服装に応じた温度設定や、直接エアコンの風があたらない配慮をしましょう。

	温度	湿度
春・秋	22〜23度	50〜60%
夏	25〜28度	50〜60%
冬	18〜20度	50〜60%

省エネ対策をしている場合は、会社の指示に従って！

オフィスの整理整頓

　秘書は、上司の執務室や応接室などを毎朝掃除して清潔に保ち、気持ちよく仕事ができるよう心掛けることが大切です。

●キャビネットやパソコンなどの手入れや室内の整理整頓。
●机の上、パソコンのマウスやキーボードは、毎日、から拭きして清潔に保つ。

オフィスのレイアウト

　オフィスレイアウトは、仕事がしやすい動線を考え、机や応接セットの配置をすることです。

◀ レイアウト例

上司の机
●部屋の奥に配置し、入口から見えないようにする。
●上司が落ち着いて仕事ができるよう、秘書と対面しないようにする。

秘書の机
●人の出入りが把握できる入口の近くに配置する。

応接セット
●上司の近くに置き、上司が座りやすいよう配置する。
●来客が座ったとき、秘書と向き合わないようパーティションまたはついたてを置く。

Check!▶ ○×問題 次のことが適当ならば○、不適当ならば×で答えてください。

次は秘書Aが、上司のスケジュール管理について行っていることである。

① 上司の不在中に急ぎの面会申し込みがあった場合は、日時を決めておき、上司が戻ったときに了解を得ている。

② 予定が詰まっている日に急な予約を入れなければならないときは、キャンセルできる予定を上司に確認してから調整している。

解答と解説 ①=✗　②=○

　急ぎの面会申し込みであっても、上司の都合を確かめずに日時を決めるのは適切ではありません。スケジュールの日時は必ず上司の了解を得てから確定させます。

1 次は、上司と秘書が同室で仕事をする場合の、室内のレイアウトについて述べたもの。中から**適当**と思われるものを一つ選びなさい。

1) 上司の机と秘書の机は、顔を直接見合わせないように、背中合わせになるようにするのがよい。
2) 上司の机は、冷暖房の風がよく当たるような場所にするのがよい。
3) 上司の机が入口から見えるような位置の場合は、ついたてを利用するとよい。
4) 上司の机は、自席に座ったままで客と話せるように、来客用椅子に座った客と対面になるのがよい。
5) 応接セットは、上司の机よりは秘書の机の近くになるのがよい。

2 次は秘書Aが、上司の出張の準備で初めてのホテルを予約したとき行ったこと。中から不適当と思われるものを一つ選びなさい。

1) ホテルの朝食時間を確認した。
2) 上司の自宅の電話番号を伝えた。
3) 到着する日の、チェックインの予定時刻を伝えた。
4) ホテルまでの案内図をファックスしてもらった。
5) 予約を受け付けた担当者の名前を確認した。

[**解答と解説**]

1 の解答 3）

入口から上司の机が見えるということは、上司からも人の出入りが見えることになり、上司は落ち着いて仕事ができないことになります。人の出入りを見えなくするには、ついたてを立てればよいでしょう。

2 の解答 2）

上司の出張準備でホテルを予約したときのこと。必要なのは、上司に伝えることの把握と、Aがホテルとの連絡のために会社の電話を伝えることなどです。上司の自宅の電話番号は上司が宿泊する際、上司自身が必要に応じて伝えればよいのです。

✿ 社外・社内文書

1 次の下線部分を、手紙用語に直して（　　）内に答えなさい。

1）まずは、<u>ひとまず</u>　用件のみお伝えいたします。
（　　　　　）

2）<u>時期が時期なので</u>、くれぐれもご自愛くださいませ。
（　　　　　　　　　）

3）<u>最後になりますが</u>、貴社のますますのご発展をお祈り申し上げます。
（　　　　　　　　　）

2 次の下線部分の手紙用語を、漢字に直して（　　）内に答えなさい。

1）<u>ジカ</u>　ますますご<u>セイエイ</u>のこととお喜び申し上げます。
　a（　）　　　　　　　b（　　　）

2）<u>ソシナ</u>　ではございますが、　ご<u>ショウノウ</u>いただければ幸いに存じます。
　a（　　）　　　　　　　　　b（　　　　）

3）まずは、<u>リャクギ</u>ながら　<u>ショチュウ</u>をもって、ごあいさつ申し上げます。
　　　　　a（　　　）　　　b（　　　　）

3 次の宛て名につける敬称を（　　）内に一つ答えなさい。

1）個人名（　　　　　　　　　）
2）役職名（　　　　　　　　　）
3）官公庁・会社などの団体名（　　　　　　　　）
4）同じ文書を多くの人に宛てる場合（　　　　　　　　　）

4 次は秘書Aが、上司の指示で書いた手紙の代筆の一部である。下線部分を、手紙文として適切な言い方（慣用語）に直し、（　　　）内に答えなさい。

1) 丁寧なお祝いのお言葉を頂きまして、誠にありがとうございます。
　　　　　　　　a　　　　　　　　　b

a（　　　　　　　　　　　　　　）　　b（　　　　　　　　　　　　　　　　）

2) 今まで以上に　目をかけていただけるよう、よろしくお願い申し上げます。
　　　　a　　　　　　　b

a（　　　　　　　　　　　　　　）　　b（　　　　　　　　　　　　　　　　）

5 秘書Aは上司（G営業所長）から、令和2年11月10日、「新製品Mの市場調査報告書が出来上がったので、今日中にD営業所長に郵送しておいてもらいたい」と指示された。このような場合に添える文書を、形式を整えて枠内に書きなさい。

6 右の社内文書の点線枠内には何を書くか。（　）内に答えなさい。

a.
（　　　　　　　　　　）
b.
（　　　　　　　　　　）
c.
（　　　　　　　　　　）
d.
（　　　　　　　　　　）

```
                                    総達 17 号
                                令和 3 年 4 月 2 日
   [ a ]
                                        [ b ]

          [              c              ]

    下記により行いますので、ご出席ください。

                    記

  1  日  時   6 月 8 日（火）  10 時〜 12 時
  2  場  所   第五会議室
  3  議  題   社内旅行の継続について
  4  資  料   当日配布

  なお、当日欠席の場合には、必ず担当者まで
  ご連絡ください。
                              [ d ]

                            担当  長谷川
                          （内線  246）
```

7 次は秘書Ａが、郵送しようと書いた封筒の表の一部である。枠内の下線部分に適切な用語を漢字2文字で答えなさい。

1) ロイヤルホテル742号室に「滞在」している長谷川次郎部長に、資料を送るとき

```
ロイヤルホテル＿＿＿＿＿＿    742 号室
長谷川次郎  様
```

2) 実家の「佐藤宏様宅」に帰省している先輩の桂亜由美さんに、書類を送るとき

```
佐藤宏＿＿＿＿＿＿
桂亜由美  様
```

3) 上司の恩師である相沢孝氏に、上司が賀寿の祝いで撮った「写真」を送るとき

```
相沢孝先生
          写真＿＿＿＿＿＿
```

4) ㈱ＲＷ商事の浜田和男総務部長に、「本人に直接開封してもらいたい」資料を送るとき

```
株式会社 RW 商事
  総務部長  浜田和男様
                    ＿＿＿＿＿＿
```

8 秘書Aは上司から、下のような返信はがきを渡され、「この日は出張と重なっているため出席できない。欠席で出してもらいたい」と指示された。このような場合、どのようにして出せばよいか。必要なことの他に、祝いの言葉、欠席の理由、盛会を祈る言葉も書き添えなさい。

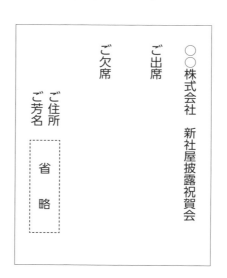

〇〇株式会社　新社屋披露祝賀会

ご出席

ご欠席

ご住所
ご芳名

省　略

9 次は会社における一般的な役職名を、職位の高い方を左にして順に並べたものである。（　　）内に入る適切な役職名を、漢字2文字で答えなさい。

社長　（　①　）　常務　（　②　）　次長　（　③　）　係長

✿書類など

10 秘書Aは上司から、コピーをしてもらいたいとA4判の書類7枚、B5判の書類3枚を渡された。このような場合は、上司に確認することを箇条書きで三つ答えなさい。

11 秘書Aは上司からメモを渡され、この内容で領収書（金額は5万円）を作りM社に送るようにと指示された。次はこの指示を受けてAが順に行ったことである。a～dに入る適切な用語を漢字で答えなさい。

1）領収書を作成し、＿＿＿a＿＿＿印紙を貼った。

2）領収書と＿＿＿a＿＿＿印紙に掛けて、＿＿＿b＿＿＿を押した。

3）封筒には、中に入っている物がわかるように「領収書＿＿＿c＿＿＿」と表示した。

4）M社に郵送するので、封筒の宛て名は「M社＿＿＿d＿＿＿」と書いた。

a. ＿＿＿＿＿＿＿＿＿＿　　　b. ＿＿＿＿＿＿＿＿＿＿

c. ＿＿＿＿＿＿＿＿＿＿　　　d. ＿＿＿＿＿＿＿＿＿＿

12 次の下線部分に、適切な数え方を漢字1文字で答えなさい。

1）部長宛てに郵便物が7＿＿＿届いています。

2）午後の部内会議の課題は3＿＿＿あります。

3）会議室に椅子を5＿＿＿運んでください。（「個」以外）

4）この部屋にはパソコンが10＿＿＿あります。

13 次の物の正しい数え方を、下の枠内から一つ選び、その番号を（　　　　　）内に答えなさい。

1）書棚　　　　　（　　　　　　　）

2）文書　　　　　（　　　　　　　）

3）エレベーター　（　　　　　　　）

①通　②基　③個　④冊　⑤本

14 右のような横書きの文書の数枚をステープラでとじるとしたら、どこをどのようにとじるのが適切か。5ミリ程度の直線で書きなさい。

✳グラフ

15 次の統計をグラフにする場合、どのようなグラフにしたらよいか。一つずつ答えなさい。

1) 製品別売上高　　　　　　　　　　　　（　　　　　　　　）
2) 過去10年間の年間残業時間数の推移　　（　　　　　　　　）
3) 顧客満足度調査の結果　　　　　　　　（　　　　　　　　）
4) 令和2年11月24日現在の部署別男女社員数　（　　　　　　　　）

16 次の表は、防災用品を製造しているA社が令和元年と2年に行った「地震に対する備えの有無」のアンケート結果である。これを見やすいグラフにしなさい。　（注）定規を使わないで書いてもよい。

	備えをしている	備えをしていない
令和元年	35%	65%
令和2年	52%	48%

17 次の表は、令和2年7月の「製品Qの営業所別売上高」を示したものである。これを見やすいグラフにせよ。　（注）定規を使わないで書いてもよい。

営業所名	A	B	C	D
売上高（万円）	550	700	450	300

18 次の表は、商品HとKの売上高前年比伸び率の推移を示したもの。これを見やすいグラフにしなさい。　（注）定規を使わないで書いてもよい。

商品名＼年	平成28	平成29	平成30	令和元
商品H	5.5%	6.0%	5.0%	7.0%
商品K	2.5%	7.0%	3.0%	4.0%

1 1）取り急ぎ・取りあえず　　2）時節柄　　3）末筆ながら

2 1）a．時下　　b．清栄　　　2）a．粗品　　b．笑納
　　3）a．略儀　　b．書中

3 1）様、先生、殿　　2）殿、様　　3）御中　　4）各位

4 1）a　ご丁寧な　　　　　　b　頂戴いたしまして
　　2）a　一層の、旧に倍する　b　お引き立てのほど、ご愛顧を賜りますよう

5

　　　　　　　　　　　　　　　　　令和2年11月10日

D営業所長殿

　　　　　　　　　　　　　　　　　G営業所長

　　　　　市場調査報告書の送付について

　　　新製品Mの市場調査報告書が出来上がりましたので、
　　お送りいたします。

　　　　　　　　　　　　　　　　　　　　　　以上

---

6 a　受信者名
　　b　発信者名
　　c　件名
　　d　以上

7 1）気付
　　2）様方
　　3）在中
　　4）親展

8

　　○○株式会社　新社屋披露祝賀会

　　このたびはおめでとうございます。
　　残念ですが所用のため欠席させて
　　いただきます。
　　ご盛会をお祈りいたします。

　ご出席

　ご欠席（○で囲む）

　ご住所　　省略

　ご芳名

9 ①専務　　②部長　　③課長

10 1.　コピーをする部数。
　　2.　Ｂ５判の書類をＡ４判にするか。
　　3.　留め方はステープラか、
　　　　ゼムクリップか。

　　その他、いつまでに用意するか。など

> **解　説**
> 箇条書きの書き方は、
> 1.　＿＿＿＿＿＿＿。
> 2.　＿＿＿＿＿＿＿。
> 3.　＿＿＿＿＿＿＿。
> と記入します。なお、体言止め
> のときは「。」句点は不要です。

11 1) 収入　　2) 消印　　3) 在中　　4) 御中

12 1) 通　　2) 件　　3) 脚　　4) 台

13 1) ⑤　　　2) ①　　　3) ②

14

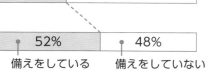

15 1) 棒グラフ　　2) 折れ線グラフ
　　3) 円グラフ　　4) 棒グラフ

16

地震に対する備えの有無　（A社調べ）

令和元年　35%　65%

令和2年　52%　48%

備えをしている　　備えをしていない

17

令和2年7月の製品Qの
営業所別売上高

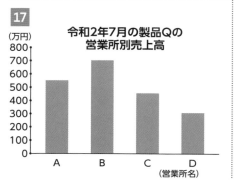

18

商品HとKの売上高前年比
伸び率の推移

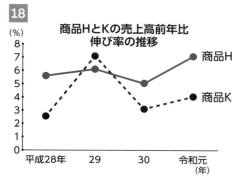

模擬試験

「模擬試験」（全35問）は、
2回分あります。

試験時間は
2時間

時間を計ってトライ！

全35問

必要とされる資質	職務知識	一般知識	マナー・接遇	技能
5問	5問	3問	12問	10問

合格の目安
8問正解

合格の目安
14問正解

迷ったら、次の問題に進み、
あとでじっくり考えるといいよ。

✱ 必要とされる資質

1 秘書 A の上司（総務部長）が出社した。昨日まで出張していたので疲れている様子である。このような場合、A は上司にどのような気遣いをするのがよいか。中から<u>不適当</u>と思われるものを一つ選びなさい。

1) 出張から戻ったら本部長へ報告することになっているので
「お疲れのご様子ですが、出張のご報告はすぐになさいますか、それともしばらくしてからになさいますか」と尋ねる。
2) お茶を出しながら
「お疲れのご様子ですので、午後からでも退社なさってはいかがでしょうか」と言う。
3) 上司が出社するといつもすぐにお茶を出しているので
「お茶をお持ちいたしますが、いつもと同じでよろしいでしょうか」と尋ねる。
4) 仕事がたまっているようなので
「何かお急ぎのご用はおありでしょうか。私にできることがございましたらいたしますが」と言う。
5) スケジュールを確認するとき
「本日のスケジュールはそのままでよろしいでしょうか。お疲れでしたら調整致しますが」と言う。

2 秘書 A の上司は、最近顔色もよくなく、元気がない。A は、上司からは持病が悪化して体調がよくないと聞いている。そのような折、よく訪ねてくる取引先 Y 氏が帰り際に、上司はどこか体が悪いのかと A に尋ねた。このような場合、A は来客 Y 氏にどのように対応するのがよいか。中から**適当**と思われるものを一つ選びなさい。

1) 上司に、気遣ってもらっていることを伝えておくと言う。
2) 持病が悪化して、体調がよくないと聞いていると正直に言う。
3) 上司からは何も聞かされていないので、わからないと言う。
4) 普段とそんなに違うかと言って、気づいていないふりをする。
5) 尋ねられても、自分の口から上司の体調のことは言えないと言う。

3 部長秘書Aは先輩から、秘書は時間を意識して仕事をすることが大切と言われている。次は、このことをふまえ、Aが行っていることである。中から**不適当**と思われるものを一つ選びなさい。

1）上司から終業時間後に仕事を指示されることがあるが、急ぎでなければ翌日にしている。
2）上司のスケジュールを決めるときは、上司の性格や体調を考慮して時間に無駄や無理が生じないようにしている。
3）長居をする客は決まっているので、その客が来社したときは、帰る予定時間を聞いておくようにしている。
4）上司と気が合うK部長がよく不意に来て談笑しているが、上司の予定に影響がなければ、とくに気にしないでいる。
5）急ぎの仕事を指示されたときは、手掛けている仕事をどうやりくりして時間をつくるかをまず考えている。

4 秘書Aは、取引先R社の浜田部長からR社が後援しているコンサートに招待され、昨日（日曜日）行ってきた。このことはAの上司も知っている。このような場合Aは、今日出社してから上司や浜田部長にどのように対応するのがよいか。中から**適当**と思われるものを一つ選びなさい。

1）コンサートに出掛けたのは休日なので上司には何も言わなくてよいが、浜田部長には電話か手紙で礼をするのがよい。
2）上司には昨日コンサートに出掛けたことを報告し、浜田部長にはなるべく早く、電話か手紙で礼をするのがよい。
3）上司には昨日コンサートに出掛けたことと内容を報告するが、浜田部長には機会をみて礼を言うのがよい。
4）Aが昨日コンサートに出掛けたことは、上司も浜田部長も知っていることなので、どちらに対しても何も言わなくてよい。
5）上司に昨日コンサートに出掛けたことを報告し、Aが浜田部長に電話で礼を言うときに、上司からも礼を言ってもらうのがよい。

5 秘書Aの上司は、電話は取り次がないようにと言って会議に入った。その会議中に家族から、「親せきに不幸があったので知らせたい」と電話があった。このような場合Aはどのように対処すればよいか。中から**適当**と思われるものを一つ選びなさい。

1) 家族から詳しい内容を聞いておき、会議が終わったら上司に知らせる。
2) 家族から内容を聞き、知らせた方がよいかはAが判断して決める。
3) 家族に事情を話し、会議中だが知らせた方がよいかと尋ねる。
4) 家族に、上司から電話は取り次がないように言われていると伝える。
5) 家族に、上司は会議中だがすぐ知らせるので待ってもらえないかと言う。

✽ 職務知識

6 秘書Aの下に新人Fが配属された。次はそのときAが、秘書の仕事についてFに教えたことである。中から<u>不適当</u>と思われるものを一つ選びなさい。

1) 秘書の態度や行動は、上司の体面を傷つけることがあるので注意すること。
2) 上司の私用をするときも、上司を補佐するものと心得て快くすること。
3) 上司が快適に仕事ができるように、部屋の環境整備には特に気を遣うこと。
4) 秘書の仕事は、あくまでも上司のためにするのだと自覚すること。
5) 上司のスケジュール管理のために、上司の私的な行動も詳しく知るように努めること。

7 秘書Aは上司から、「友人のK氏に頼みたいことがあって近々会いたいので、都合を聞いておいてもらいたい」と指示された。AがK氏の事務所に電話すると、「出張していて三日ほど留守」ということだった。このような場合、Aはどのように対応するのがよいか。中から<u>不適当</u>と思われるものを一つ選びなさい。

1) 事務所の人に「K氏と連絡が取れたら都合を聞いておいてもらいたい」と頼んでおく。
2) 事務所の人に「K氏が戻ったら電話をもらいたい」と頼み、かけてもらいたい時間を伝えておく。
3) 上司に「K氏は出張中で戻るのは三日ほど後になる」と伝え、どのようにすればよいのか指示を得る。
4) 事務所の人に「K氏が戻るころ改めて電話するが、電話があったことを伝えておいてもらいたい」と言っておく。
5) 事務所の人に「K氏が戻るころ改めて電話する」と伝え、そのころのK氏の予定を聞いておく。

8 秘書Aの上司（人事部長）を訪ねてきた客を、応接室へ通して上司に知らせると、上司は「困ったものだ」と言いながら応接室へ入った。Aはお茶を持って応接室の前まで来たが、様子がおかしいので室内をうかがうと、上司は「……応じられない。引き取ってもらいたい」と言っているのに、客は「そうはいかない」と語気を荒らげて言っているようである。このような場合、Aはどのように対応したらよいか。中から**適当**と思われるものを一つ選びなさい。

1) そのまま応接室に入り、お茶を出して引き下がり、応接室内の様子を人事課長に知らせる。
2) 室内の様子が治まるまで室外で待って、治まったらお茶を出して引き下がる。
3) 応接室内のことは自分には関係ないことなので、いつもの通りお茶を出して引き下がる。
4) 相手は客なのでお茶を出すが、そのとき上司に小声で、誰か呼ばなくてよいかと尋ねる。
5) お茶を給湯室に戻して応接室の前へ行き、中の様子をもう一度うかがってから人事課長に知らせる。

9 秘書 A の上司（部長）は、すぐに戻ると言って近くの書店へ行った。そこへ本部長から、「急ぎで確認したいことがあるので、部長に S 取引の資料を持って来るように」と連絡があった。資料は A がファイルしているので、すぐに出すことはできる。このような場合 A は本部長に、上司は外出中と言ってからどのように対応すればよいか。中から不適当と思われるものを一つ選びなさい。

1）「部長はすぐに戻ると言っていたが、どのようにすればよいか」と尋ねる。
2）「部長の外出先にすぐに連絡するが、S 取引の資料を先に持って行こうか」と尋ねる。
3）「部長の外出先は近くですぐ戻ると言っていたが、すぐに連絡する必要があるか」と尋ねる。
4）「部長の外出先は近くなので、すぐに連絡して返事をするので、待ってもらいたい」と言う。
5）「部長はすぐに戻ると言って外出した」と伝え、「S 取引のどの資料を持っていけばよいか」と尋ねる。

10 秘書 A は支店に出張する上司に書類を渡すため、空港の待ち合わせ場所に出向いた。上司は自宅から直接空港に来ることになっているが、搭乗時間近くになってもまだ来ない。携帯電話で連絡をとろうとしたが電源を切ってあるようで全く通じない。このような場合、A はどのように対処するのがよいか。中から不適当と思われるものを一つ選びなさい。

1）上司の自宅へ電話をし、何時ごろ家を出たか確認する。
2）上司が搭乗手続きを済ませているかどうか確認する。
3）乗り遅れるかもしれないので、次の便に空席があるか確認する。
4）会社へ電話して、上司から何か連絡が入っていないか確認する。
5）出張先へ電話して、都合で到着が遅れそうだがどうしたらよいかと相談する。

✿一般知識

11 次の「　」内の説明は、下のどの項目の説明か。中から**適当**と思われるものを一つ選びなさい。

「法人の目的・組織・業務などの基本を定めた規則」

1）社訓
2）定款
3）社是
4）就業規則
5）服務規程

12 次は、用語とその説明の組み合わせである。中から<u>不適当</u>と思われるものを一つ選びなさい。

1）資金繰り　＝　事業資金をやり繰りすること。
2）不渡手形　＝　約束の日に支払いを受けられなかった手形のこと。
3）有価証券　＝　将来値上がりが予想される、価値ある証券のこと。
4）不良債権　＝　返してもらえないかもしれない貸した金のこと。
5）国債　　　＝　国が、不足する財政資金を賄うために発行する証券のこと。

13 次の「　」内の説明は、下のどの項目の説明か。中から**適当**と思われるものを一つ選びなさい。

「手形や小切手を発行する人のこと」

1）差出人
2）保証人
3）名義人
4）取立人
5）振出人

✽マナー・接遇

14 次は、秘書Aがお客様と話をするときに打つ相づちについて心掛けていること。中から<u>不適当</u>と思われるものを一つ選びなさい。

1) 相づちは、来客が話を先へ進めさせやすいように「それで」というような打ち方をしている。
2) 来客の話に共感したときは、それを態度で表すように相づちを打っている。
3) 相づちを打つときは、来客が安心して話せるように、積極的な打ち方をしている。
4) 話していることに疑問があるときは、相づちは打たないで表情で示すようにしている。
5) 話は相づちを打ちながら聞くが、あまり多くならないようにしている。

15 秘書Aの下に新人Fが配属された。Fは秘書としては立ち居振る舞いや言葉づかいが少し粗雑である。そこでAはFに次のような指導をした。中から<u>不適当</u>と思われるものを一つ選びなさい。

1) 例えば「買ってきました」より、「買って参りました」のような言葉づかいをすること。
2) 呼ばれたら返事はすぐにしないといけないが、そのとき呼んだ人の方に体を向けてすること。
3) 丁寧にお辞儀をするときは、頭をゆっくり下げるようにし、元へ戻すときは素早く頭を上げること。
4) 上司に用があってそばに行ったとき、歩きながら「失礼いたします」と言わず、立ち止まってから言うこと。
5) 「わかりました」だけでなく、「承知いたしました」「かしこまりました」という言葉を、その場に合うように上手に使い分けること。

16 次は、秘書Ａの来客に対する言葉づかいである。中から**適当**と思われるものを一つ選びなさい。

1) 近々来る予定があるかを尋ねるとき
   「近々こちらに参られるご予定がおありでしょうか」
2) 誰を尋ねてきたのかを尋ねるとき
   「私どものどなたをお訪ねでいらっしゃいますか」
3) 帰ってもらいたいとき
   「申し訳ないのですが、お引き取りくださいませんでしょうか」
4) わざわざ来てもらったことに礼を言うとき
   「ご足労をおかけいたしましてありがとうございます」
5) そのことは上司（浜田）から聞いていると言うとき
   「その件でしたら、浜田から承っております」

17 秘書Ａの上司（中村部長）は急に外出することになり、予定されていたＳ氏との面談ができなくなった。Ａは上司から、Ｓ氏に連絡し、よくわびて延期してほしいと頼むことと、来週の都合のよい日にちを聞いておくようにとの指示を受けた。次はＡが電話で、自分を名乗ってからＳ氏に言ったことである。中から言葉づかいが<u>不適当</u>と思われるものを一つ選びなさい。

1)「急なことで大変申し訳ないのですが、本日のお約束を延期させていただきたいのですが……」
2)「中村は、来週改めてお目にかかりたいと申しておりますので、ご都合のよい日時をお聞かせいただけませんでしょうか」
3)「中村からも大変申し訳ない、くれぐれもよろしくお伝えするように申しつかっております」
4)「実は中村がやむをえず外出することになり、お約束の時刻にお目にかかることができなくなりました」
5)「何か中村にお伝えしたいことがございましたら伺いますが、いかがでしょうか」

18 秘書Aの上司は、外部からの参加者、数名を招いて昼食を挟んだ会議を行うことがある。次は、このようなときAが行っている昼食の出し方である。中から<u>不適当</u>と思われるものを一つ選びなさい。

1) 食事は幕の内弁当にしているが、置き方はご飯が向こう側になるようにしている。
2) 箸は、紙袋に入った割り箸だが、箸置きを用意して弁当の手前に置いている。
3) 吸い物はインスタント物であるが用意し、おわんは弁当の右側に置いている。
4) 食事が終わったころ緑茶を出すが、茶たくにのせてその人の右から出している。
5) 食事が終わったあとの休憩の時間に、希望を尋ねて飲み物を出している。

19 次は、営業部長秘書Aが来客接待で行ったことである。中から<u>不適当</u>と思われるものを一つ選びなさい。

1) 応接室に客を案内したところ前の客の茶わんが残っていたが、まず座ってもらい、謝ってから急いで片付けた。
2) 応接室にお茶を運んだところ、上司と客が立って名刺交換をしていたので、終わって座るまで待ってお茶を出した。
3) 応接室に替えのお茶を持っていったところ、客は前のお茶に手を付けていなかったが、下げて新しいお茶を出した。
4) 応接室に上司と客のお茶を出しに行ったところ本部長も同席していたので、客と本部長に出し上司の分はすぐに持ってくると言った。
5) 応接室で客にお茶を出したとき、客が手を触れてお茶をこぼしたので、「失礼します」と言って、持っていた布巾でふいた。

20 秘書 A は後輩 F から、「上司の家族に不幸があり、葬儀の受付を手伝うことになった。初めてのことなので、注意しなければいけないことを教えてもらいたい」と言われた。次は A が F に教えたことである。中から<u>不適当</u>と思われるものを一つ選びなさい。

1) 受付で受け取った香典は、誰に渡せばよいかを前もって確認しておき、確実に渡すこと。
2) 服装は黒のワンピースかスーツにして、ストッキングや靴も黒色のものにすること。
3) 葬儀を手伝うのだから香典は出さなくてよいが、会葬者芳名録への記帳はすること。
4) 葬儀はしめやかに行うものなので、雰囲気に合わせて話の仕方に気をつけること。
5) 受付係用のリボンなどが用意されているときは、わかる位置に着け、葬儀が終わるまでは外さないこと。

21 次は、弔事に関する用語とその意味の組み合わせである。中から<u>不適当</u>と思われるものを一つ選びなさい。

1) 弔問　＝　弔電を打つこと。
2) 喪主　＝　葬式を行う名義人のこと。
3) 遺族　＝　死者の家族のこと。
4) 法要　＝　故人の冥福を祈る行事のこと。
5) 喪中　＝　死者が出て、喪に服している期間のこと。

22 秘書Aは上司の指示で、上司がお世話になった方に贈り物をすることが多い。次はAが贈った時期とそのときに書いた上書きである。中から不適当と思われるものを一つ選びなさい。

1) 1月上旬に贈ったときに「御年賀」
2) 2月下旬に贈ったときに「寒中御見舞」
3) 7月上旬に贈ったときに「御中元」
4) 8月下旬に贈ったときに「残暑御見舞」
5) 12月中旬に贈ったときに「御歳暮」

23 秘書Aは、上司への贈り物に対して、お返しをするものとしなくてもよいものがあることを知った。そこで先輩Eに、お返しをしなくてよいものには何があるかを尋ねたところ、次のように教えられた。中から不適当と思われるものを一つ選びなさい。

1) 取引先からの中元や歳暮
2) 入院したときの見舞い
3) 香典返し
4) 祝賀会に出席したときの引き出物
5) 就職のあっせんをしたときの礼

✽技能

24 秘書Aは、上司主催の社内定例連絡会議の議事録を作成することになった。次は、Aが議事録に記載したこと。中から不適当と思われるものを一つ選びなさい。

1) 議題と決定事項
2) 開催日時と会議室名
3) 出席者名と部署名
4) 欠席者名と欠席理由
5) 議長名と議事録作成者名

25 次は、秘書 A が上司からの指示で「秘」扱い文書をコピーするときに行っていること。中から不適当と思われるものを一つ選びなさい。

1) ミスコピーが出たら、シュレッダーにかけて処分している。
2) コピーした文章には、朱色で「秘」の印を押している。
3) コピーは、上司から指示された枚数だけ取っている。
4) 周りの人に「秘」扱い文書をコピーするので近づかないでほしいと言っている。
5) 原文書をコピー機に置き忘れないよう注意し、コピー後はすぐに上司に戻している。

26 次は、印の名称とその説明の組み合わせである。中から不適当と思われるものを一つ選びなさい。

1) 捨て印 ＝ 訂正などの場合を考えて、あらかじめ欄外に押しておく印。
2) 消印 ＝ 収入印紙や切手などに使用済みのしるしとして押す印。
3) 実印 ＝ 市役所などに印影登録しておき、重要書類などに押す印。
4) 訂正印 ＝ 追加や修正したことを証明するときに押す印。
5) 契印 ＝ 契約書に、契約者が契約が成立しているという証拠に押す印。

27 次は、手紙を書くときに時候のあいさつとして使う言葉と、それを使う一般的な月との組み合わせである。中から不適当と思われるものを一つ選びなさい。

1) 新春 ＝ 1 月
2) 迎春 ＝ 4 月
3) 盛夏 ＝ 7 月
4) 残暑 ＝ 8 月
5) 師走 ＝ 12 月

28 次は、手紙の慣用語とそれを普通の言い方にしたものの組み合わせ。中から<u>不適当</u>と思われるものを一つ選びなさい。

1) 拝眉の上 　　　　　　　　—　　お目にかかりまして
2) ご休心ください 　　　　　—　　ご安心ください
3) ご来臨賜りますよう 　　　—　　ご出席くださいますよう
4) 万障お繰り合わせの上 　　—　　何かとご都合をつけて
5) ご引見くださいますよう 　—　　お引き立てくださいますよう

29 次は、用語とその説明の組み合わせである。中から<u>不適当</u>と思われるものを一つ選びなさい。

1) 改訂 　=　 出版後、書物の内容を部分的に改め直すこと。
2) 校正 　=　 下書きなどをきれいに書き直すこと。
3) 草稿 　=　 正式に書く前の下書きのこと。
4) 奥付 　=　 本の著作名・発行所名・発行日などが載っている部分のこと。
5) 再版 　=　 すでに発行されている本を、同じ形で重ねて発行すること。

30 秘書Ａは上司からの指示で、昨年の株主総会に出された「事業報告」を借りてくるよう言われた。この事業報告はどの部署に行けば借りられるのか。中から**適当**と思われるものを一つ選びなさい。

1) 経理部
2) 営業部
3) 総務部
4) 資料室
5) 人事部

31 次は、秘書 A が上司の部屋の環境整備について行っていること。中から<u>不適当</u>と思われるものを一つ選びなさい。

1) 室内の執務環境の快適さのため、エアコンの設定温度を小まめに調節している。
2) 観葉植物の葉のほこりは、ティッシュペーパーを水でぬらしてふき取っている。
3) 西向きの窓から西日が入る時間帯は、ブラインドの羽根の向きを調節している。
4) エアコンの風が気になると言われたときは、「風向」のボタンで調節している。
5) 電話機やパソコンの汚れが目立ったときは、固く絞ったぞうきんでふいている。

✿マナー・接遇

32 秘書 A の後輩新人 B は口数が少ない。たとえば名前を尋ねるときには「どちら様でしょうか」、少し待ってもらいたいときには「少々お待ち頂けますでしょうか」としか言わない。そこで A は感じのよい対応をするために、このような言葉の前に一言付け加えるように言った。どのような言葉を付け加えるとよいか。その言葉を三つ答えなさい。

(　　　　　　　　　　　　　　　　)
(　　　　　　　　　　　　　　　　)
(　　　　　　　　　　　　　　　　)

33 次の 1）と 2）に、下の〈祝儀袋〉から適切なものを選んで記号を記入し、下の〈上書き〉から適切なものを選んで番号を記入しなさい。

1）取引先の社員旅行に寄付をするとき
祝儀袋 （　　　　　）　　　上書き （　　　　　　）

2）上司が、結婚する部下に祝いを贈るとき
祝儀袋 （　　　　　）　　　上書き （　　　　　　）

〈祝儀袋〉

A　　　　　　　　B

〈上書き〉
1. 志
2. 寿
3. 御礼
4. 内祝
5. 御餞別
6. 御酒肴料

✿技能

34 K社における令和2年度社員意識調査によると、「職場の作業環境はどうか」という質問に対しての回答は、「やや快適」が50%、「やや不快」が30%、「かなり快適」が10%、「不明」が7%、「かなり不快」が3%ということであった。この回答を、円グラフの適切な書き方に従って書きなさい（定規を使わずに書いてもよい。分割の大きさは目分量でよい）。

35 秘書Aは後輩Fから次の手紙文を見せられ、チェックしてもらいたいと言われた。取引先にお歳暮を送ったので、送ったことを知らせるのだという。Aが目を通したところ、手紙の慣用語に誤りが三つ（例は除く）ある。誤りを抜き出し、適切な語にしなさい。

前略　歳晩の候、貴社ますますご発展のこととお喜び申し上げます。平素は格別のご愛顧を承り、まことにありがとうございます。

つきましては、日ごろの感謝のしるしとして、別便で心ばかりの品をお送りいたしました。粗品ではございますが、ご査収くださいますようお願いいたします。

まずは、文中をもってごあいさつ申し上げます。
（例）

敬具

　　　　　　　　　誤　　　　　　　　正
例（　　文中　　）→（　　書中　　）

　　　　　　　　　正　　　　　　　　誤
（　　　　　　）→（　　　　　　）
（　　　　　　）→（　　　　　　）
（　　　　　　）→（　　　　　　）

✿ 必要とされる資質

1 ▶ P18 2)

午後からでも退社してはどうかと言うところが間違い。上司は仕事があるから出勤しており、上司の行動に口を出しているため不適当です。A は秘書なので、疲れている様子の上司を気遣うことはよいのですが、気遣い方が違います。

2 ▶ P27 1)

来客は、上司の元気のなさや顔色の悪さから尋ねています。わからない、知らないと言うのは、いかにも嘘をついていることがわかります。このような場合は、相手にこれ以上、心配を掛けないように、悪いことは認めながらも直接的なことは言わないことです。

3 ▶ P27 3)

長居する客といっても、応対するのは上司です。長居は客だけの問題ではないはず。その客が来社した際、帰る予定時間を聞いておくなどは不適当です。

4 ▶ P19 2)

日曜日のことであっても、招待は取引先からされたものなので、行ってきたことはまず上司に報告しないといけません。その後、取引先の浜田部長に行ってきたことと、招待されたことの礼を言うのが適当な対応です。

5 ▶ P32 5)

親せきに不幸（誰かが亡くなった）があったという家族からの連絡です。こうした緊急のことは、連絡があったら何をおいてもすぐに知らせるのが一般的な対応。したがって、取り次がないように言われていても、すぐに知らせるのが適当です。

✿ 職務知識

6 ▶ P45 5)

秘書は、上司の行動を把握しておかないといけないものです。私的な行動であっても、公的な行動に影響するようなことは把握しておかざるを得ないからです。ただし、必要以上に詳しく知るように努めて把握する必要はありません。

7 ● P53　2)

上司がK氏に会いたいのは、頼み事をするため。頼み事はこちらの都合でするものなので、相手が不在ならこちらから電話をかけ直すのが筋です。K氏が戻ったら電話をもらいたいと頼み、希望の時間までも言うなどは、ものの頼み方として不適当です。

8 ● P53　1)

どのような客でも客は客。秘書の立場では、普段と同様にお茶を出しに行くのがベスト。とは言っても、普通とは様子が違うよう。様子からすると、応接室内のことを人事課長に知らせておくというのが適当な対応です。

9 ● P48　3)

本部長は急ぎで部長に資料を持ってくるようにと言っています。資料はAがファイルしています。部長も近くにいて居場所もわかっているのだから、すぐに対応できるはず。すぐに連絡する必要があるかなどと言わずに、対応しないといけません。

10 ● P59　5)

上司が搭乗時間になっても来ない理由がわからないのですから、その理由を調べたり、次の便の空席を確認したりしておくなどが秘書の仕事となります。出張先には、乗り遅れが確定したら到着時間の変更を連絡すればよいこと。出張先にどうしたらよいかと相談するのは筋違いで不適当です。

✿ 一般知識

11 ● P64　2)

定款

12 ● P74　3)

「有価証券」とは債券・株券・小切手など、それ自身、財産価値を持つもののこと。

13 ● P76　5)

振出人

✳ マナー・接遇

14 ▶ P114　4)

相づちは、相手が話を進めやすいように打つものなので、相手の話に納得できても、できなくても打つのがよいでしょう。相手の話に疑問があるときは、打ってから「しかし」とか「ところで」などと言って質問すればよく、疑問を表情で示すだけだと、相手は気持ちよく話を進めることができません。

15 ▶ P132　3)

丁寧にお辞儀をするということは、お辞儀をし終わったとき、相手にぞんざい (いい加減、適当) な感じを与えないことです。そのためには、下げた頭を元へ戻すときはゆっくりと上げるようにします。

16 ▶ P105　3)

正しい敬語の使い方としては、 1) 参られる→いらっしゃる、 2) どなたを→どの者を、 4) ありがとうございます→申し訳ございません、 5) 承って→聞いて、となります。

17 ▶ P105　5)

「お伝えしたいこと」は、「お伝えしたいことがございますので」というように、自分が相手に伝えたいときに使う言い方です。ここではS氏から上司に伝えることはないか、と尋ねているのだから「お伝えすることがおありでしたら」のように言うのが適切な言い方になります。

18 ▶ P138　1)

幕の内弁当は食べる人から見て、ご飯が手前になるように置きます。

19 ▶ P138　1)

応接室に前の客の茶わんが残っているなどは、本来あってはならないこと。片付けは客の前でするものではないので、するならいったん室外に出てもらうか、その場から離れた所で待ってもらうようにします。座ってもらって目の前で片付けることは、急いでいても不適当です。

20 ▶P144 **3)**

Fは上司の家の葬儀の手伝いだから一般の参列者とは違い関係者ということになります。そのため、手伝いをしながらお参りもし、会葬者名簿への記帳も香典も供えることになります。手伝いだから香典を出さなくてもよい、ということはないので不適当です。

21 ▶P146 **1)**

「弔問」とは、遺族の家を訪問して、お悔やみを述べること。

22 ▶P148 **2)**

「寒中御見舞」とは、寒の時期だが元気かと見舞うときに使う言葉です。寒の時期は、1月上旬の寒の入りから。2月上旬の立春前日まで。したがって、寒の時期が過ぎた2月下旬に「寒中御見舞」と上書きをするのは不適当です。

23 ▶P149 **2)**

「お返し」とはお礼のこと。入院したときにもらった見舞いには一般的にはお返しするので、しなくてもよいというのは不適当です。選択肢の2)を除く1)～5)はお礼です。お礼に対してお返し(お礼)をすることはありません。

✿技能

24 ▶P161 **4)**

社内定例連絡会議は、メンバーが決まっているものです。議事録には出席者名を記載すればよく、欠席者名を記載することはありますが、理由まで記載しないので不適当です。

25 ▶P182 **4)**

秘文書の取り扱いには十分な注意が必要ですが、コピーするので近づかないように周囲に言う必要はありません。秘文書と知っただけで関心を持つ人もいるため、秘文書と知られないように扱うよう注意することも必要です。コピーをするときには人に知られないようにしないといけません。

26 ▸P83 5)

「契印」とは、2枚以上が続いている文書の場合、続いていることを証明するために、とじ目に、またがって押す印のこと。

27 ▸P173 2)

「迎春」とは、新春を迎えること。年賀状などに年頭のあいさつとして使われる言葉です。

28 ▸P174 5)

「ご引見くださいますよう」とは、紹介状などで「会ってやってください」とへりくだって相手に頼むときの慣用語です。「お引き立てくださいますよう」という意味ではないので不適当です。※「お引き立て」は「引き立て」の丁寧語。特に目をかけ、ひいきにするという意味です。

29 2)

「校正」とは、仮に刷った印刷物と原稿や資料などをつき合わせて、文字や図版の誤りを正すことです。なお、「下書きをきれいに直す」というのは清書。

30 ▸P194 3)

株主総会に出された「事業報告」ということです。株主総会の事務を扱うのは一般的には総務部なので、借りに行くのは総務部ということになります。

31 5)

電話機やパソコンの汚れの多くは、手あかのようなもの。それらは油性なので、水を固く絞ったぞうきんでふいてもきれいにならないため、不適当。パソコンなどの汚れ落としには、OAクリーナーなどを用います。汚れがほこりのようなものなら、はたきのようなもので払います。

✳ マナー・接遇

32 ▶ P108

1. （大変）失礼ではございますが
2. （まことに）恐れ入りますが
3. 申し訳ございませんが

解答例のほかに、「恐縮でございますが」などでもかまいません。

33 ▶ P149

1）祝儀袋（B）　上書き（6）
2）祝儀袋（A）　上書き（2）

［解説］

1）祝儀袋Bの水引きの結び方を「蝶結び」といい、何度あってもよい祝い事のときに使います。したがって、社員旅行の寄付にはBを使います。上書きは、社員旅行なので、料理と酒の足しにしてもらいたいという意味で、「御酒肴料」にします。

2）祝儀袋Aの水引きの結び方を「結び切り」といい、1回しかないことを願う祝い事のときに使います。したがって、結婚はAになります。上書きには、選択肢の中から選ぶと「寿」になります。

✳ 技能

34 ▶ P177

「職場の作業環境はどうか」
〜 K社における令和2年度社員意識調査〜

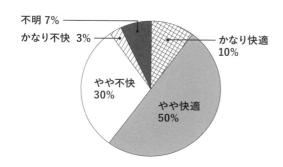

［解説］

円グラフは、1つのことの比較の場合は、比率が大きい順に右回りにすることになっています。しかし、アンケートの場合は、快適と不快に大別してよい方を先にします。また、快適の中でも、よい方を先にすることになっています。不明やその他は最後になります。また、標題を書き落とさないように注意。

35 ▶ P173

	誤		正
1.	（ 前略 ）	→	（ 拝啓 ）
2.	（ 承り ）	→	（ 賜り（賜わり））
3.	（ ご査収 ）	→	（ ご笑納 ）

[解説]

「前略」は、歳晩の候〜のような前文を書かない場合に使う言葉。「承り」は、承知したという意味なので言葉の使い方が違います。「ご査収」は、調べて受け取ってもらいたいという意味なので、これも間違いです。

✖ 必要とされる資質

1 次は、秘書 A が外から会社へ電話したとき、電話に出た人に頼んだこと。中から<u>不適当</u>と思われるものを一つ選びなさい。

1) 出社途中、交通機関の事故で出社が少し遅れることを伝えようと電話したとき、同僚が出たので皆に伝えてもらうように頼んだ。
2) 家の都合で出社が午後になることを伝えようと電話したとき、同僚が出たので上司に伝えてもらうように頼んだ。
3) 風邪をひき、急に欠勤することを伝えようと電話したとき、後輩が出たので上司に代わってもらった。
4) 上司から頼まれた買い物に時間がかかり、戻るのが遅くなることを伝えようと電話したとき、後輩が出たので上司に伝えてもらった。
5) 上司から指示された使いが終わって直帰することを伝えようと電話したとき、先輩が出たので上司に代わってもらった。

2 秘書 A の上司は、業界団体の定例会に出席しており 4 時ごろ戻る予定。そこへ取引先の S 氏が訪れた。この時刻（2 時）に書類を受け取る約束をしており来たという。A はこの件については上司から何も聞いていない。このような場合 A は S 氏に、上司は外出していると言ってからどのように対応すればよいか。中から**適当**と思われるものを一つ選びなさい。

1) せっかく来てもらったのに申し訳ないと言ってわび、どうしても今日でないといけない書類か、と尋ねる。
2) 迷惑をかけて申し訳ないと言ってわび、すぐに外出先の上司に確認するので待ってもらえないか、と尋ねる。
3) 申し訳ないと言ってわび、上司が戻ったら約束の内容を確認してこちらから連絡するのではだめか、と尋ねる。
4) 申し訳ないと言ってわび、私でわかるかもしれないのでどのような書類か教えてもらえないか、と尋ねる。
5) 申し訳ないと言ってわび、上司と直接話してもらった方が確実なので改めて来てもらうことはできないか、と尋ねる。

3 部長秘書 A が、終わったばかりの部長定例会議の後片付けをしていたところ、椅子の下に秘扱いの資料が落ちているのを見つけた。落ちていた場所や書かれている文字から E 部長のものではないかと思われる。このような場合の A の対応について、中から**適当**と思われるものを一つ選びなさい。

1) E 部長のところに行き、資料を見せて、口頭で「これは部長のものか」と尋ねる。
2) 落としたのが E 部長なら、気づいたとき A に尋ねてくるだろうから、それまで預かっておく。
3) 落としたのが E 部長とはっきりしていないのだから、会議の出席者全員にメールで確認する。
4) E 部長のところに行き、口頭で「部長会議の秘扱いの資料をなくしていないか」と尋ねる。
5) 会議の当番だった A の上司のところに行き、このことを報告してどうするかと尋ねる。

4 秘書 A の上司へ部下が連絡するときは、メールで連絡してもよいことになっている。しかし上司はメールを見ないことが多く、そのために支障が出ていると部下が A に苦情を言うことがある。このような場合、A はその部下にどのように言うのがよいか。中から**適当**と思われるものを一つ選びなさい。

1) 上司にメールを送ったときは、送ったので見てもらいたいと直接上司に知らせたらどうか。
2) 急ぎのメールを送ったときは、自分からも上司に伝えるので、知らせてもらえないか。
3) 上司がメールを見てくれるように、1 日 3 回ぐらい、メールを見たかと催促するようにしようか。
4) 苦情の事を上司に話し、自分が代わりにメールを見るようにしてもよいと話してみようか。
5) メールで上司に連絡するやり方を、やめるように上司に話してみようか。

5 秘書Aは先輩から、「秘書には、私的な能力の他に健康で体力があることが必要」と言われた。なぜ、秘書に健康と体力が必要なのか。次は、このことについてAが同僚と話し合ったことである。中から不適当と思われるものを一つ選びなさい。

1) 秘書には、何事にも機敏な行動が求められるが、そのもとになるのは健康と体力ではないか。
2) 秘書は健康で体力があれば、休んでいる同僚や後輩の仕事をカバーできるからではないか。
3) 秘書には気配りが必要だが、健康で体力がないと人への気配りもできなくなるからではないか。
4) 秘書は健康で体力がないと、力が必要な雑用や根気のいる仕事ができにくくなるからではないか。
5) 秘書は、周囲によい印象を与えるようでないといけないが、そのもとになるのは健康的な雰囲気だからではないか。

✿ 職務知識

6 秘書Aの上司のところへ、取引先G社のH工場が、隣接する他社の工場の火災で大きな被害を受けたと連絡が入った。上司は海外出張中なので、この連絡はAが受けた。次は、このようなことにAが対応したこと。中から不適当と思われるものを一つ選びなさい。

1) G社を担当している者に連絡し、H工場の被害の状況を詳しく調べてもらうように頼んだ。
2) H工場の被害のことを他の関連部署に連絡し、見舞金などについて前例を調べた。
3) 上司は海外出張中であることを書き添えて、上司の代わりにAが見舞状を出した。
4) 出張中の上司に報告できるように、H工場の被害へどう対応したかを記録した。
5) 上司出張中の代行者に、Aが調べたり頼んだりしたことを報告し、どのようにすればよいか指示を得た。

7 秘書Aが上司（部長）宛ての電話を取ると、取引先の森本部長からだった。上司が出張中であることを伝えると、「至急、部長に相談したいことが出来た。直接話をしたいので出張先を教えてもらいたい」とのこと。このような場合、Aはどのように対応したらよいか。中から不適当と思われるものを一つ選びなさい。

1) 「急ぎ相談とはどういう内容か、教えてもらえれば、すぐ上司から連絡をさせるがどうか」と尋ねる。
2) 「出張先は教えないことになっているが、相談内容によっては出張先を教えるが、それでよいか」と尋ねる。
3) 「上司と連絡を取り要件を伝えるが、いつごろまでに上司に連絡が取れればよいか」と尋ねる。
4) 「差し支えなければ相談内容をファックスで送ってもらい、それを上司の宿泊先に送っておくのではどうか」と尋ねる。
5) 「上司から連絡があるので、そのときに森本部長から電話があったことを伝えるが、それでは間に合わないか」と尋ねる。

8 秘書Aの上司（人事部長）が出張中に訪れた不意の来客が、「御社のM営業所について上司に伺いたいことがある」と言う。M営業所によくない噂があり、それを聞いたらしい。このような場合、Aは「上司は出張中」と言ったあと、どのように言うのがよいか。中から不適当と思われるものを一つ選びなさい。

1) M営業所の事情が分かる者に確認して、こちらから連絡するので待ってもらえないかと言う。
2) 対応は上司の方がよさそうなので、上司が出張から戻るまで待ってもらえないかと言う。
3) どのようなことを知りたいかを聞かせてもらって、改めて連絡をしたいがどうかと言う。
4) どうしても上司に尋ねたいのなら、上司の所へ行ってもらうことになるがよいかと言う。
5) M営業所のどのようなことを知りたいのかを教えてもらえれば、わかる者に取り次ぐがどうかと言う。

9 秘書Aは上司への面会申し込みを受けるとき、受けるものと断わるものがあるが、受けたものは、あとで上司の了承を得て相手に返事をしている。次はその例である。中から<u>不適当</u>と思われるものを一つ選びなさい。

1）上司が面会を避けている人は、都合がつかないと言って断っておいて、上司に報告している。
2）まず要件と希望日時を尋ね、なるべく相手の希望に合わせるようにしている。
3）上司の健康状態が悪いときは、理由は言わずに、面会時間は短くするようにしている。
4）相手の希望に合わせられないときは、二、三候補を挙げてもらって調整している。
5）相手が急いでいて、上司が出張中などのときは、相手の都合に合わせて空いている時間に決めている。

10 秘書Aの上司が外出中、業界紙から上司宛てにインタビュー依頼の電話があった。次は、このときAが確認したことである。中から<u>不適当</u>と思われるものを一つ選びなさい。

1）掲載予定の号。
2）返事の期限。
3）取材の内容と写真撮影はあるか。
4）記事の大きさはどのくらいか。
5）取材の希望日時と所要時間。

✽ 一般知識

11 次の「　」内の説明は下のどの項目の説明か。中から**適当**と思われるものを一つ選びなさい。

「企業などが従業員の業績や能力を判断し、その人の処遇に反映させること」

1) 人事調査
2) 人事相談
3) 人事異動
4) 人事考課
5) 人事管理

12 次は、関係ある用語の組み合わせである。中から<u>不適当</u>と思われるものを一つ選びなさい。

1) 収入印紙　　－　　領収書
2) 当座預金　　－　　小切手
3) 月末支払　　－　　棚卸し
4) 約束手形　　－　　支払期日
5) ギフト券　　－　　有価証券

13 次は、秘書 A が社内情報に一番通じているといわれている先輩 D から聞いた話である。中から下線部分の用語の使い方が<u>不適当</u>と思われるものを一つ選びなさい。

1)「業務内容見直しのメールがあったけれど、<u>アウトソーシング</u>でも考えているのかしら」
2)「人事課の U 君、<u>ヘッドハンティング</u>されて、今、就職先を探しているのだそうよ」
3)「J 総務部長が<u>依願退職</u>されるそうよ。健康上の理由でということらしいわ」
4)「今度の人事異動では、課長クラスの二、三人が関連会社に<u>出向</u>になるらしいわよ」
5)「部長から<u>リストラ</u>の計画があると聞いたけど、対象にならないようにしっかり仕事をしなければね」

❀マナー・接遇

14 次は、秘書Aの上司（部長）への言葉づかいである。中から**適当**と思われるものを一つ選びなさい。

1）この書類を見てもらいたいということを
「こちらの書類にお目通りいただけますでしょうか」
2）昼食はこっちに運んでいいかということを
「ご昼食はこちらにお運びしてよろしいでしょうか」
3）もうすぐ客が来る時間だということを
「間もなくお客様がいらっしゃられるお時間でございます」
4）人事部長がこれを貸してほしいと言っていることを
「人事部長がこちらを拝借になりたいとおっしゃっておいでです」
5）今、専務が席に戻ったと連絡があったということを
「ただ今、専務がお席にお戻りになられたと連絡がございました」

15 次は、秘書Aが社内でお客様や社員と出会ったときにしたあいさつである。中から<u>不適当</u>と思われるものを一つ選びなさい。

1）他部署を訪ねるらしい顔見知りの来客に出会ったとき、立ち止まってあいさつした。
2）来客を案内中の同僚に出会ったとき、歩きながら客には会釈し、同僚には目礼した。
3）来客を案内中に顔見知りの他の客と出会ったとき、その客に歩きながら会釈した。
4）話しながら歩いていた他部署の部長二人と行き交うとき、一人ひとりに会釈して通り過ぎた。
5）急ぎの用のため小走りになっていたが、来客の姿が見えたので普通の歩き方にして会釈した。

16 部長秘書 A は、上司の指示で新発売の新商品説明会に行ってきた。次は説明会から戻ってきた A が、上司に対して順に言ったことである。中から<u>不適当</u>と思われるものを一つ選びなさい。

1) 新商品のパンフレットを見せて、強調されていた特長を聞いた通りに説明した。
2) どういう会社の人が何人ぐらい来ていたのかなど、説明会の状況について感想を交え説明した。
3) 戻ってきてすぐに、A が留守にしたことで生じた A の仕事はあるか尋ねた。
4) 上司からパンフレットを返されたので、パンフレットは担当者に渡してしまってよいかと確認した。
5) 会場で出会った数人の取引先の人から、部長によろしくと言われたことを全部伝えた。

17 秘書 A はエレベーターに乗った。誰もいなかったので操作盤の前に立っていたところ、途中の階で人事部長が乗ってきた。このような場合、A はどのような対応をするのがよいか。中から<u>不適当</u>と思われるものを一つ選びなさい。

1) 人事部は 5 階なので、「5 階でよろしいでしょうか」と尋ねる。
2)「人事部でよろしいでしょうか」と、降りる階を確認する。
3) 人事部長が押しやすいように操作盤の前を空けて、「どうぞ」と言う。
4)「どちらまでいらっしゃいますか」と尋ね、その部署のある階を押す。
5) どの階に行くのかわからないのだから、「何階でしょうか」と尋ねる。

18 次は、秘書 A が中元を贈るにあたり行ったことである。中から<u>不適当</u>と思われるものを一つ選びなさい。

1) 贈り漏れを 7 月 20 日に手配したので、上書きは「暑中御見舞」にした。
2) 前年贈った品物が好評だったので、上司に話して同じ品にした。
3) 取引が中止になった会社があったので、贈り先リストから外して贈らなかった。
4) 百貨店から送ったので、品物が届くころを見計らって贈ったことを知らせるあいさつ状を送った。
5) 会長が亡くなり先月社葬を行った取引先に、中元は葬儀には関係ないので例年通り贈った。

19 次は、秘書 A が上司から指示を受けるときの受け方である。中から<u>不適当</u>と思われるものを一つ選びなさい。

1) 指示の途中で内容に疑問があったら、「よろしいでしょうか」と断って質問している。
2) 呼ばれたが手が離せず遅れたときは、上司の前に立ったとき「失礼いたしました」と言って指示を受けている。
3) 先輩が担当している仕事を指示されたときは、「私でよろしいのでしょうか」と確かめるようにしている。
4) 指示を受け終わったときは、「かしこまりました」と言うことが多いが、ときには「承知いたしました」とも言っている。
5) 呼ばれてもすぐに手が離せないときは、「はい、少々お待ちくださいますか」と上司の方を向いて返事をしている。

20 次は、秘書 A が立食パーティーに出席するときに心掛けていること。中から<u>不適当</u>と思われるものを一つ選びなさい。

1) 持ち物はなるべくクロークに預け、会場には必要な身の回り品だけ持って入るようにしている。
2) 乾杯のグラスは、つがれたら、あいさつと乾杯が終わるまでは持っていて、テーブルに置かないようにしている。
3) 空いたお皿はサイドテーブルに置き、次に取る料理は新しいお皿を使うようにしている。
4) 料理は何回も取りに行かないで済むようになるべく多めに取り、料理テーブルから離れて飲食するようにしている。
5) 会場内では、あちこち動いて多くの人と話をするようにし、椅子に座り込んで隣の人とだけ話さないようにしている。

21 秘書 A は上司から、R 地方の民芸品と言って小さな包みを渡された。R 支店に出張のとき R 支店長から預かったという。A は上司に礼を言って受け取ったが、このことにどのように対応するのがよいか。中から**適当**と思われるものを一つ選びなさい。

1) 支店長の秘書に電話でこのことを話し、支店長に礼を言っておいてもらいたいと頼む。
2) 近く行われる支店長会議のときに礼を言うことにし、今は受け取っておくだけにする。
3) 支店長の個人的な好意によるものだろうから、支店長の自宅に丁重な礼状を送る。
4) 個人的にくれたとしても仕事上のことなので、R 支店の支店長宛に簡単な礼状を送る。
5) 支店長の秘書にメールでこのことを伝え、添付した礼状を支店長に渡してもらいたいと頼む。

22 秘書Aは上司(部長)から、けがで入院した課長の見舞いに同僚Dと行くように指示された。けがは大したことはなく1週間程度で退院できるとのこと。次は、二人が見舞いに行くに当たり話し合ったこと。中から不適当と思われるものを一つ選びなさい。

1)「同室の人もいるのだから、仕事の話は小声で話し、長居はしないようにしよう」
2)「課長からの伝言がどのくらいあるかわからないが、とりあえず筆記用具は持っていこう」
3)「部長やほかの人たちに課長あてに伝言はないか尋ね、それをメモにして課長に渡そう」
4)「部長に報告できるように、回復の具合と出社できそうなおおよその日にちを聞いておこう」
5)「家族の人に、困ったことがあったら、何なりと私たちに相談してほしいと言っておこう」

23 次は、部長秘書Aが上司の代理で取引先の葬儀(仏式)に参列したとき順に行ったこと。中から不適当と思われるものを一つ選びなさい。

1) 受付では最初に、「このたびはご愁傷さまでございました」とお悔やみの言葉を述べた。
2) 次いで、上司の名前が書かれた香典を出して「ご霊前にお供えください」と言った。
3) 記帳するように会葬者芳名録を出されたので、上司の氏名を書き下に小さく(代)と書いた。
4) 記帳し終わったとき、上司は急な出張が入って参列できなかったと理由を説明した。
5) 焼香の順を待っているとき、上司と親しい顔見知りの人に出会ったので、上司の代理で来たと話した。

✳ 技能

24 次は、秘書 A が上司のスケジュールを管理するうえで行っていること。中から<u>不適当</u>と思われるものを一つ選びなさい。

1) 上司の私的な予定は自分の予定表にメモしておき、他の予定を決めるときの参考にしている。
2) 急に予定が入り他の予定と重なったときは、どちらを優先するのか見当がついても上司に確認するようにしている。
3) スケジュールの確認は、間違いがないように、前日の夕方だけでなく当日の朝にも行うようにしている。
4) 定例会などの会合は、スケジュールが空いていれば上司に確認せずに出席と返事をして予定表に記入している。
5) 終了時間が延びる可能性がある会議や面談のすぐあとには、次の予定を入れないようにしている。

25 次は、秘書 A が新聞記事の切り抜きと整理のときに行っていること。中から<u>不適当</u>と思われるものを一つ選びなさい。

1) 切り抜いた記事は台紙に貼り、日付順にファイルしている。
2) 小さな記事は、テーマが同じなら同じ台紙に複数枚貼っている。
3) 記事がシリーズ物でも、切り抜くのは必要記事だけにしている。
4) 切り抜いた記事には、紙名、日付、朝夕刊の別を記入している。
5) 切り抜いた記事は、読みやすいように、形を整えて台紙に貼っている。

26 次の各項は、営業部長秘書 A（浜田）が下の文書に書いたこと。中から不適当と思われるものを一つ選びなさい。

1) に この文書を出す日を書いた。
2) に「部員各位殿」と書いた。
3) に「営業部長」と書いた。
4) に「以上」と書いた。
5) に「担当　浜田」と書いた。

```
                                    1) _____
  2) _____
                                    3) _____

         営業部会のお知らせ

   下記のとおり営業部会を開きますので、
          ご出席ください。

                  記
   1. 日時　11月16日（月）15時～17時
   2. 場所　第一会議室

                                    4) _____
                                    5) _____
                                    （内線 123）
```

27 次は、用語とその説明である。中から不適当と思われるものを一つ選びなさい。

1)「リーフレット」とは、宣伝や案内、説明などのための 1 枚刷りの印刷物のこと。
2)「奥付」とは、発行所や発行年月日などが載っている部分のこと。
3)「増刊号」とは、定期発行以外に臨時に発行される号のこと。
4)「バックナンバー」とは、定期刊行物の既刊号のこと。
5)「総目次」とは、その雑誌に記載された語句などを抜き出して配列したもののこと。

28 次は、秘書 A が秘書 F に、秘文書の扱い方として教えたこと。中から<u>不</u><u>適当</u>と思われるものを一つ選びなさい。

1) 貸し出すときは、紛失すると困るので、コピーしたものを渡すこと。
2) 配布するときは一連番号を付け、その番号と配布先の名前を記録すること。
3) 保管するときは、一般の文書とは別にし、鍵のかかるキャビネットにしまうこと。
4) コピーは必要枚数だけにし、ミスコピーはシュレッダーで処理すること。
5) 配布したコピーを回収するときは、回収後、コピーした数と照合してから廃棄すること。

29 次は、手紙で使われる＊頭語と＊結語の組み合わせである。中から<u>不適当</u>と思われるものを一つ選びなさい。

1) 前略 － 草々
2) 拝復 － 敬具
3) 謹啓 － ＊敬白
4) 拝啓 － 敬具
5) ＊急啓 － 敬具

＊「頭語」とは、手紙で最初に書く言葉のこと。
＊「結語」とは、手紙で最後に書く言葉のこと。
＊「敬白」とは、手紙で最後に書く言葉で「謹んで申し上げました」という意味。
＊「急啓」とは、手紙で最初に書く言葉で「急いで申し上げます」という意味。

30 次は、秘書 A が行っている名刺整理箱を使った名刺整理方法についてである。中から不適当と思われるものを一つ選びなさい。

1) 五十音の区別は、ア、イ、ウ、……の文字でガイドを立てている。
2) 会社名で抜き出すことが多いので、会社名の五十音順で整理している。
3) 上司の友人やその他の個人的なものは、仕事上の名刺とは別に整理している。
4) 受け取った名刺には最初の面会日がわかるよう、面会日付を記入してから整理箱に入れている。
5) 抜き出して使った名刺を箱に戻すときは、次に使うとき探しやすいよう元あった所に戻している。

31 次は、文書とその説明の組み合わせである。中から不適当と思われるものを一つ選びなさい。

1) 依頼状　＝　人に何かをしてもらいたい場合、それを頼むための文書。
2) 始末書　＝　過失や事故のいきさつを説明し謝罪するための文書。
3) 督促状　＝　約束したことが実行されない場合、それを督促するための文書。
4) 紹介状　＝　自分の知り合いや団体を、よそに引き合わせるための文書。
5) 照会状　＝　前回と同じ製品かどうかを照らし合わせて確認するための文書。

✳ マナー・接遇

32 J社営業部の秘書（浜田道子）が、取引先を訪問している上司（鈴木部長）を電話口に呼び出してもらうとき「J社営業部の浜田でございます。いつもお世話になっております」と言ったあと、何と言えばよいか。その言葉を「　」内に書きなさい。

「 　　　　　　　　　　　　　　　　　　　　　　　　　　　　　 」

33 次は、秘書Aが来客にお辞儀をしている絵。その近くで先輩が困った顔をして見ている。なぜならばAのお辞儀がきちんとしていないから。このような場合、どのようにすればきちんとしたお辞儀になるのか。箇条書きで四つ答えなさい。

1. _____
2. _____
3. _____
4. _____

✱技能

34 次は電文の一部である。下線部分の漢字の読み方を、平仮名で（　）内に答えなさい。

1）栄えある藍綬褒章ご受章、誠におめでとうございます。
　　　a　　　　b
a（　　　　）　　b（　　　　）

2）故人のご功績を偲び、謹んで哀悼の意を表します。
　　　　　　　a　　　　　　　b
a（　　　　）　　b（　　　　）

35 下の枠内の文章を、次に従って下の答案用紙の枠内に書き直しなさい。

1）縦書きで丁寧に書きなさい。
2）カタカナ（下線）部分を漢字にしなさい。
3）句点（。）と読点（、）を打ち、必要な改行をしなさい。

拝啓師走の候ますますご<u>ケンショウ</u>のこととお喜び申し上げます<u>ヘイソ</u>は格別のお引き立てにあずかり誠にありがとうございますつきましては日頃の感謝のしるしとして別便で○○をお送りいたしました何卒ご<u>ショウノウ</u>くださいますようお願いいたしますまずは<u>ショチュウ</u>をもってご挨拶申し上げます敬具

❀ 必要とされる資質

1 ▶P31　2）

出社が午後になれば、午前中の上司の仕事に影響します。家の都合であれば上司も認めざるを得ないでしょうが、とりあえず上司に事情を話し、許可を得ないといけません。同僚に伝えてもらうよう頼むなどは不適当です。

2 ▶P31　2）

S氏は、受け取る約束になっている時刻に来たのです。Aが知らないというのは上司の手落ち。何かと手を尽くしてわかるようにしないといけません。幸い業界団体の定例会への出席ということなので、上司に確認してみるというのが適当な対応です。

3 ▶P23　1）

落ちていたのは、取り扱いに気を使わなくてはいけない秘扱いの資料です。E部長のものかもしれないのなら、E部長のところに直接出向き、周りの人に秘文書だとわからないように尋ねるのが適当な対応です。

4 ▶P19　2）

メールで連絡するのは仕事の合理化になりますが、上司とすればパソコン画面を気にする煩わしさがあります。秘書とすればこのようなことをカバーするのも仕事のうち。急ぎのものはAが取り次げば実害は無くなるということです。

5 ▶P14　2）

上司の補佐をする秘書の仕事には、体を動かさないとできないことが多くあります。そのために健康が求められるということです。同僚や後輩が休んだとき、結果として仕事はカバーしないといけませんが、そのために健康や体力が必要ということではありません。

❀ 職務知識

6 ▶P45　3）

取引先の会社の工場が、近隣の火災の被害を受けたのです。被害を受けたのは会社なので、対応は基本的にAのいる会社になります。Aは秘書として、このことに会社や上司が対応できるようにする諸々のことが仕事となります。Aが見舞状を出すようなことではありません。

7 ►P45　2）

どのような場合でも、上司の出張先を取引先に教えてはいけません。したがって、取引先に尋ねられても、上司の出張先は教えないようにします。

8　4）

上司に尋ねたいといっても、その上司が出張中なら内容を聞いておき、上司が戻ってから、ということになります。なお、内容がわかれば、わかる人に対応してもらいます。いずれにしても、上司のところに行ってもらうなどは不適当です。

9 ►P45　5）

相手が急いでいるといっても、申し込みを受けて面会に応じるのは上司です。空いている時間も、上司に都合があるかもしれません。面会を相手の都合に合わせるのは悪いことではないですが、どのようなときでも、秘書が上司に確認しないで決めてしまうのはよくありません。

10 ►P59　4）

Aが確認することは、上司がそれによってインタビューに応じるかどうかが決められる内容であること。記事の大きさは取材側の紙面構成の都合や関心の持たれ方によるもので、取材を受ける側で確認するようなことではありません。

✽一般知識

11 ►P66　4）

人事考課

12 ►P75　3）

「月末支払」とは、請求された代金を月の終わりにまとめて支払うこと。「棚卸し」とは、決算や整理のために在庫を調べることなので、組み合わせが不適当です。

13 ►P90　2）

「ヘッドハンティング」とは、有能な人材をある会社から引き抜き、別の会社に入社させること。したがって、ヘッドハンティングをされて就職先を探すということはありません。

✳マナー・接遇

14 ▶P100 2）

上司への言葉づかいは、正しい敬語で丁寧にというのが基本。これに照らすと、2）が適当です。3）、5）は敬語が過剰。「られる」は普通の表現。1）は言葉が不適切。「お目通り」ではなく「お目通し」。4）は人事部長の行為なのだから「拝借」ではなく「お借りしたい」となります。

15 4）

他部署の部長が歩いてきたとき、Aが会釈をしたということは、知らぬふりをせず相手に敬意を表しながら通りすぎたということ。Aは一人ひとりにあいさつをしないといけない関係にはないのだから、何人であっても軽く会釈をすればよいことです。一人ひとりにあいさつする必要はありません。

16 ▶P117 2）

この場合の説明とは、それがどういうものであったかの事実を上司に伝えること。どういう会社の人が来ていたか状況を伝えたのはよいですが、感想はAの個人的な思いなので事実とは違います。感想を交えて説明することは不適当です。

17 ▶P136 3）

社内のエレベーターでは、そこに乗っている人のうち、若い人が男女に関係なく自然に操作盤の前に立ちます。これは社内の序列に基づく慣行がそうさせているのでしょう。したがって、この場合、部長に対してAが操作盤の前を空けるのは不適当です。

18 ▶P148 3）

取引が中止になれば、贈るのをやめることはあります。しかし、会社間には取引以外の関係もあるので、取引が中止になっただけで贈らないとは決められません。贈り先リストから外すのは、関係者などに確認してからにしないといけないということです。

19 ▶P112 1）

指示を受けている途中で内容に疑問があったときは、指示の最後や切りのよいところで質問するのが指示の受け方の基本。聞いているうちにわかることもあるからです。指示の途中で質問するなどは、上司の話の腰を折ることになり不適当です。

20 ▶P142 4)

お皿にたくさんの料理を盛るのは見苦しく、また取り過ぎて残すのも礼儀にかなっていません。取りに行く回数が多いのは悪いことではありませんが、1回に取る量は控えめにします。料理を取ったら、他の客のじゃまにならないよう、すぐ料理テーブルから離れるのが立食のマナーです。

21 4)

支店長が個人的にくれたとしても仕事上のことなので、Aへの礼のようなものでしょう。礼に対する礼だから簡単なものでかまいません。相手は支店長なので、簡単な礼状を送るのが適当です。

22 ▶P148 5)

入院というのは、いわば私的なことなので、課長は家にいるのと同じこと。したがって、入院中の課長は家族の守備範囲内ということになります。AとDが、家族の人に何なりと私たちに相談してほしいなどと言うのは、見当違いです。

23 ▶P144 4)

上司の代理でAが参列すれば、それは上司が参列したのと同じことになります。葬儀の受付で上司が来られない理由を説明しても意味がなく、またこのような場合にするものではありません。

✽技能

24 ▶P196 4)

定例会とは、出席を予定しやすいように開催日を決めてある会議などのこと。したがって、メンバーは出席することが前提になっている場合が多いものですが、出席が確定されているわけではありません。スケジュール上に空きがあるからといって、確認せずに出席とするのは不適当です。

25 ▶P194 1)

新聞記事の切り抜き保存は、後に利用するためです。後で新聞記事から知りたい情報を得るためには、知りたい情報に関しての記事がまとまっていないと意味がありません。したがって、整理の仕方はテーマ別であることが必要で、日付順は不適当です。

26 ⊙ P167 2)

「各位」とは、多くの人を対象にして、その一人ひとりに敬意を表す語。「殿」とは、相手の氏名や役職名などにつけて敬意を表す語。したがって、「各位」と「殿」を同時に使うのは不適当です。

27 ⊙ P193 5)

「総目次」とは、雑誌などの一定期間、あるいは全号の目次をまとめたもの。

28 ⊙ P182 1)

秘文書であっても関係者には貸し出すことはあります。貸し出しの際は、十分に注意を払うことが必要です。だからといって、紛失を心配しコピーを取ってはいけません。コピーを取れば、情報が漏れる機会を増やすことになります。

29 ⊙ P173 5)

「急啓」は「前略」と同じように、手紙で最初に書く時候のあいさつなどは省略するので、結語は「草々」となります。

30 ⊙ P192 5)

名刺整理箱から抜き出して使った後戻すときは、ガイドのすぐ後ろに入れます。これを続けていると使わない名刺は徐々に後ろに送られるので、よく使う名刺が前方になり、抜き出しやすくなります。従って、元あった所に戻しているというのは不適当です。

31 ⊙ P172 5)

「照会状」とは、不明な点を問い合わせて確かめるための文書のこと。

❋マナー・接遇

32 ◉ P128

「誠に申し訳ございませんが、そちら様に伺っている私どもの鈴木を電話口まで呼び出していただけませんでしょうか。」

[解説]

相手への頼み事なので、まず「手数をかけてすまない」の意味の言葉が必要。それから用件を言うこととなります。

33 ◉ P132

1. 角度を深くする。
2. 背筋を伸ばす。
3. 手は握らず、指は伸ばして組む。
4. かかとを付ける。

解説 箇条書きの書き方は、

1. ＿＿＿＿＿＿。
2. ＿＿＿＿＿＿。
3. ＿＿＿＿＿＿。

と記入します。なお、体言止めのときは「。」句点は不要です。

❋技能

34

1) a （は）　　b （ほうしょう）
2) a （しの）　b （あいとう）

35

拝啓　師走の候、ますますご健勝のこととお喜び申し上げます。平素は格別のお引き立てにあずかり、誠にありがとうございます。

つきましては、日頃の感謝のしるしとして、別便で○○をお送りいたしました。何卒ご笑納くださいますようお願いいたします。

まずは書中をもってご挨拶申し上げます。

敬具

著　者

杉本直鴻（すぎもと　なおこ）

株式会社SUGIコーポレイション代表取締役。広告業界で、新商品開発、市場調査、販売促進、広告宣伝を経て、社長秘書に就任。社長秘書時代に得た知識やスキルを人材育成に活かしたいと独立。ビジネスマナー研修、コミュニケーション能力開発研修、イメージ戦略強化研修など幅広い分野で講師を務めている。また、秘書技能検定面接試験審査委員、サービス接遇検定面接試験審査委員を務める傍ら、日本秘書クラブ理事、日本秘書クラブ関東支部代表としても活動をしている。

本書に関するお問い合わせは、書名・発行日・該当ページを明記の上、下記のいずれかの方法にてお送りください。電話でのお問い合わせはお受けしておりません。
・ナツメ社webサイトの問い合わせフォーム
　https://www.natsume.co.jp/contact
・FAX（03-3291-1305）
・郵送（下記、ナツメ出版企画株式会社宛て）
なお、回答までに日にちをいただく場合があります。正誤のお問い合わせ以外の書籍内容に関する解説・受験指導は、一切行っておりません。あらかじめご了承ください。

ナツメ社Webサイト
https://www.natsume.co.jp
書籍の最新情報（正誤情報を含む）は
ナツメ社Webサイトをご覧ください。

イラスト図解でスイスイわかる!
秘書検定2級 合格テキスト&問題集

2020年10月 5日　初版発行
2024年 7月 1日　第7刷発行

著　者	杉本直鴻	©Sugimoto Naoko, 2020
発行者	田村正隆	

発行所　**株式会社ナツメ社**
　　　　東京都千代田区神田神保町1-52　ナツメ社ビル1F（〒101-0051）
　　　　電話 03-3291-1257（代表）　FAX 03-3291-5761
　　　　振替 00130-1-58661
制　作　**ナツメ出版企画株式会社**
　　　　東京都千代田区神田神保町1-52　ナツメ社ビル3F（〒101-0051）
　　　　電話 03-3295-3921（代表）
印刷所　**ラン印刷社**

ISBN978-4-8163-6903-2　　　　　　　　　　　　　Printed in Japan
〈定価はカバーに表示してあります〉〈落丁・乱丁本はお取り替えします〉